Roswitha Gruber

Erlebnisse einer Berghebamme

Roswitha Gruber

Erlebnisse einer Berghebamme

rosenheimer

2. Auflage

www.rosenheimer.com

Lektorat: Ulrike Nikel, Herrsching am Ammersee
Titelfoto: Superbild / KEY
Satz: Bernhard Edlmann Verlagsdienstleistungen, Raubling
Druck und Bindung: CPI Moravia Books, Pohořelice
Printed in Czech Republic

ISBN 978-3-475-54026-4

Inhaltsverzeichnis

Vorwort

Hebammen waren und sind äußerst wichtige Personen. Seit Jahrhunderten stehen sie Müttern in ihrer schweren Stunde bei, verfügen seit jeher über umfangreiches Wissen, weshalb sie früher auch weise Frauen genannt wurden. Sie helfen dem Kind, heil und unversehrt ans Licht der Welt zu kommen. Sie halten es als Erste in den Händen, entlocken ihm oftmals den lebensnotwendigen, befreienden Schrei, bevor sie es der Mutter in den Arm legen.

Mit der Zeit hat sich jedoch das Berufsbild erheblich gewandelt.

War man vor hundertfünfzig Jahren noch stolz darauf, dass endlich jedes Dorf seine eigene qualifizierte Hebamme besaß, so setzte bereits knapp ein Jahrhundert später eine gegenläufige Entwicklung ein. Geburten fanden mehr und mehr in Kliniken und Geburtshäusern statt – nicht nur in den Städten, sondern auch in ländlichen Regionen.

So kommt es, dass der Beruf der Berghebamme inzwischen ausgestorben ist. Ich jedoch hatte das große Glück, der Marianne Feldmoser zu begegnen, die viele Jahre in den österreichischen Bergen gewirkt und in ihrem Sprengel über dreitausend Kindern ans Licht der Welt verholfen hat. Sie erzählte mir von ihrer Tätigkeit immer wieder mit so viel Begeisterung und Herzenswärme, dass ich beschloss, ihre Geschichte und ihre Geschichten auch anderen zugänglich zu machen. Sie haben bereits zahllose begeisterte Leser gefunden.

Jetzt habe ich die Nanni, wie sie allgemein liebevoll genannt wird, erneut besucht und sie gebeten, mir weitere Begebenheiten aus ihrem langen Berufsleben zu erzählen: anrührende und nachdenkliche, heitere und traurige, aber auch originelle und skurrile. Geschichten eben, die das Leben geschrieben hat, die vom Schicksal der Menschen erzählen, mit denen und für die die Nanni gelebt hat, die sie brauchten und die sich ihr anvertrauten.

Wir hören von der Freude über die glückliche Geburt eines Stammhalters ebenso wie von der verzweifelten Lage einer ledigen Mutter. Wir hören über dramatische Geburten und über die abenteuerlichen Wege der Hebamme bei Wind und Wetter, bei Schnee und Eis. Immer wieder geht es um Freud und Leid, um Glück und Unglück.

Und es wird uns ein intensiver Einblick vermittelt in die Lebenswelt abgelegener Bergregionen, wo die Uhren anders gingen und viel Wert gelegt wurde auf Traditionen und Gebräuche, die von Urväter Zeiten überliefert waren. Eine Hebamme wie die Marianne Feldmoser, die bei der Geburtshilfe »neumodischen Kram« einführen wollte und musste, hatte da nicht immer einen leichten Stand, vor allem nicht auf den einsamen Berghöfen, auf denen moderne medizinische Erkenntnisse ebenso wie technischer Fortschritt nur ganz langsam akzeptiert wurden. Wie die Nanni diesen Spagat schaffte, ist bewundernswert – und amüsant zu lesen.

Nun aber soll sie endlich selbst zu Wort kommen, und ich wünsche allen, die dieses Buch in die Hand nehmen, beim Lesen ebenso viel Freude, wie ich sie bei meinen Gesprächen mit der alten Hebamme und bei der Niederschrift ihrer Geschichten hatte.

Roswitha Gruber

Die freudige Nachricht

Ich war, was man heute eine Spätberufene nennen würde, denn ich machte meine Hebammenausbildung erst, als ich bereits verheiratet und Mutter zweier Kinder war. Vorher schien dieser Lebenstraum in unerreichbarer Ferne zu liegen. Mädchen erlernten damals keinen Beruf, schon gar nicht die Töchter von Bergbauern. Sie arbeiteten im elterlichen Haushalt, halfen in der Landwirtschaft oder verdingten sich als Mägde, bis sie einen braven Mann fanden.

Aber das Schicksal war mir gewogen, und es wies mir einen Weg, wie sich mein sehnlichster Wunsch doch noch erfüllen konnte. Und so trat ich eines Tages, erwartungsvoll und bang zugleich, meine erste Stelle an.

Der Sprengel, in den es mich auf eigenen Wunsch verschlagen hatte, lag mitten in den Salzburger Alpen, in einem engen Nord-Süd-Tal. Drei Dörfer waren es, die ich versorgen sollte, zwischen neun- und elfhundert Metern hoch gelegen und zu beiden Seiten von steil aufragenden Zweitausendern flankiert. Ich war in diesen Bergen aufgewachsen, in einem Nachbartal, und ich hatte nie etwas anderes gewollt, als hier in diesen abgeschiedenen ländlichen Gebieten als Hebamme zu arbeiten, mich um Menschen zu kümmern, deren Leben und Probleme mir vertraut waren, weil ich dazugehörte.

Natürlich hatte ich gut gemeinte Warnungen erhalten, wie viel anstrengender die Tätigkeit einer Berghebamme sei als die der Kolleginnen in den Krankenhäusern, doch ich ließ mich nie beirren. Zum Glück. Natürlich kostete es, besonders im Winter, bisweilen Überwindung, wenn ich des Nachts weite und beschwerliche Wege zurücklegen musste, bis ich bei werdenden Müttern auf entlegenen Höfen ankam. Zur Entbindung wurde ich zwar meist von den Bauern mit irgendeinem Gefährt abgeholt, doch an den anschließenden zehn Tagen der Wochenpflege musste ich schauen, wie ich zu den Einödhöfen kam – zu Fuß natürlich, egal ob es regnete, stürmte oder schneite oder ob die Sonne unbarmherzig auf mich niederbrannte.

Doch die langen Wege stellten nicht nur für mich eine gewisse Mühsal dar, sondern konnten bei Komplikationen zum ernsthaften Problem werden. Dann musste der Bauer erneut ins Dorf, um den Sprengelarzt zu rufen, denn Telefone gab es auf den meisten Höfen lange Zeit keine. Wie oft habe ich gebetet, der gute alte Doktor möge bitte rechtzeitig kommen. Noch schwieriger war es, wenn eine Einlieferung ins Krankenhaus nötig wurde und alle ungeduldig auf den Rettungswagen warteten, und oftmals wurde es ein Wettrennen mit der Zeit. Auch etwas anderes gab mir sehr bald zu denken: Die hygienischen Verhältnisse in den Bauernhäusern ließen sehr zu wünschen übrig, und kaum besser sah es in den Arbeitersiedlungen aus, die mittlerweile in den lang gestreckten Dörfern entstanden waren. Da musste ich von dem Standard, der mir auf der Hebammenschule als unerlässlich eingeimpft worden war, gewaltige Abstriche machen.

Immerhin brachten mich diese Unzulänglichkeiten auf eine glänzende Idee: Ich beschloss, in unserem nicht voll belegten Altersheim ein Entbindungszimmer einschließlich Wochenstation einzurichten. Wenn die Frauen diese Möglichkeit anfangs auch nur zögernd annahmen, so sprachen sich die Vorteile doch bald herum. Und jede, die einmal dort entbunden hatte, kam beim nächsten Mal wieder. Diese meist abgearbeiteten Mütter genossen es regelrecht, sich zehn Tage mal rund um die Uhr versorgen und verwöhnen zu lassen. Einen solchen Luxus hätten sie zu Hause niemals gehabt. Da sprangen die bereits vorhandenen Kinder herum, da waren der Ehemann oder sonstige Familienangehörige, die Auskünfte, Entscheidungen oder gar irgendwelche Hilfeleistungen forderten. Ich habe schon Wöchnerinnen einen Tag nach der Entbindung bei der Stallarbeit angetroffen.

Eine der ersten Frauen, die zur Entbindung ins Altersheim kam, war die Hochmoser Frieda. Sie stammte zwar von einem Bauernhof, lebte aber mit ihrem Mann Albert, einem Postangestellten, in einer bescheidenen Dienstwohnung unweit des Bahnhofs. Es war ein ziemlich kalter Tag Ende Februar, und es schneite still vor sich hin, als ich vom Altersheim den Anruf bekam, die Frieda habe sich eingefunden, wolle bei mir entbinden und es sei bald so weit. Ich hatte die junge Frau vorher noch nie richtig zu Gesicht bekommen – auch das war damals üblich so.

Bei meiner Ankunft erzählte sie mir, dass dies ihr erstes Kind sei und wie sehr sie und ihr Mann sich freuten. Die Entscheidung, wo sie entbinden wolle, habe sie sich nicht leicht gemacht. Immer wieder habe sie das Für und das Wider gegeneinander abgewogen. Daheim sei daheim, habe sie sich gesagt. Da kenne sie sich aus. Da sei ihr alles vertraut. Aber andererseits: Wer würde sie und das Neugeborene in den Tagen des Wochenbetts pflegen? Sollte sie ihre Mutter kommen lassen? Oder ihre Schwester? Aber sowohl die eine als auch die andere würde nur ihre Nase überall reinstecken. Das wolle sie dann doch nicht. Also habe sie sich für meine kleine Wochenstation im Altersheim entschieden. Nur dass ihr Mann nicht dabei sein könne, das fände sie jammerschade. Der bekäme jetzt von der ganzen Entbindung nichts mit. Wo er sich doch so auf das Kind freue und es gar nicht erwarten könne.

Eine Wehe unterbrach ihren Redefluss. Dann ging es weiter: Andererseits habe sie sich gedacht, dass zu Hause nicht nur alles recht beengt, sondern auch primitiv sei. Sicher, es gebe schon fließendes Wasser, aber kein warmes. Das brauche man doch dringend bei einer Entbindung! Und die ganze Wäsche, die bei einer Entbindung anfalle! Ganz zu schweigen von der vielen Kindswasch anschließend! Das müsste ja alles auf dem Küchenherd gekocht werden. Dann sei sie auch noch zu waschen und zu schwenken. Und wo sollte man das alles trocknen, jetzt im Winter? Nein, das habe sie sich und den anderen nicht zumuten wollen. Da sei es doch gescheiter, sich im Altersheim bequem ins Bett zu legen. Das alles und noch mehr erzählte die Frieda, während wir darauf warteten, dass sich der Muttermund weit genug öffnete, damit das sehnlich erwartete Kind endlich ans Licht der Welt kam.

»Es ist mir ganz gleich, was es wird«, versicherte sie mir. »Hauptsache gesund.«

Nach einer Weile fügte sie hinzu: »Schön wär's allerdings schon, wenn als Erstes ein Bub käm. Den wünscht sich der Albert so sehr, damit er mit ihm all das unternehmen kann, was er in seiner Jugend hat entbehren müssen. Mit einem Buben würd der Albert überglücklich sein.«

»Na, dann wollen wir mal schauen, was sich machen lässt«, plapperte ich optimistisch vor mich hin, als ob ich da irgendeinen Einfluss hätte. »Wichtig ist jetzt, dass du immer tief durchatmest, damit dein Kind genug Sauerstoff bekommt. Es hat die richtige Lage und gesunde Herztöne, und es liegt jetzt viel an dir, damit das auch so bleibt.«

Sie atmete brav, und der Minutenzeiger wanderte träge von Strichlein zu Strichlein.

»Ist auch alles normal?«, fragte die Frieda zwischendurch beunruhigt, weil sich nichts tat. »Es dauert schon arg lang.«

»Beim ersten Kind ist das halt so. Das ist ganz normal, und es besteht kein Grund zur Beunruhigung. Schau, der Muttermund, der bislang fest verschlossen war, muss sich jetzt immerhin so weit öffnen, damit das Kopferl durchkann.«

Endlich, endlich kam das Kind! Gesund und aus Leibeskräften schreiend. Und es war sogar der erhoffte Stammhalter! Selten habe ich eine glücklichere Mutter gesehen als die Frieda. Sie drückte den winzigen nackten Körper an sich, streichelte den Kleinen zärtlich, küsste seine Stirn und die runden Wangen, ja sogar den rosigen Po. Sie wusste gar nicht, auf welche Weise sie ihrem Glücksgefühl noch Ausdruck verleihen sollte. Auf einmal aber wurde sie ernst: »Ach, der Albert! Jetzt hat er diesen wundervollen Moment verpasst. Was wird der für eine Freud haben, wenn er erfährt, dass es ein Bub ist!«

»Ja, das kann ich mir vorstellen. Ich hab schon manch einen Vater erlebt, der vor lauter Freud einen Luftsprung gemacht hat.«

»Den macht der Albert auch, darauf kannst dich verlassen.«

»Na, das wirst ja sehen, wenn er dich morgen besucht. Nur schad, dass ich wahrscheinlich nicht dabei sein kann.«

»Wo denkst hin! So lang will ich den Albert nicht ohne Nachricht lassen. Die Neuigkeit muss er heut noch erfahren.«

»Und wie stellst dir das vor? Telefon habt ihr ja keines, und Brieftauben hab ich keine bei mir.«

Sie lachte über meinen Scherz, um dann gleich in vollem Ernst fortzufahren: »Ich tät dich halt schön bitten, dass du auf dem Heimweg bei ihm vorbeischaust.«

»Das wär aber ein schöner Umweg, den ich da machen müsst. Und das bei Nacht und am Bahnhof vorbei, wo es mir eh nicht ganz geheuer ist.«

»Ach geh, Nanni, so furchtsam brauchst nicht sein. Wer sollt dir da schon was tun? Den kleinen Umweg kannst für mich wirklich machen.«

Kleiner Umweg! Die Frieda hatte Nerven. In der Nacht, wenn man zu Fuß ist und über fünfzehn Zentimeter Neuschnee liegen und man eine schwere Tasche zu tragen hat, sind gute zwei Kilometer mehr eine ganz schöne Zumutung. Deshalb wagte ich einen weiteren Einwand: »Was glaubst eigentlich, wann ich überhaupt hier wegkomm?«

»Von mir aus kannst gleich losmarschieren«, schlug sie vor.

»Du bist gut. Wir müssen noch die Nachgeburt abwarten. Mit ein bisschen Glück ist die in einer halben Stund da. Es kann auch länger dauern. Und anschließend muss ich drei Stunden bei dir Wache halten.«

»Das brauchst nicht«, wollte sie mir großmütig freigeben. »Ich komm ganz gut allein zurecht. Für dich gibt's ja eh nichts mehr zu tun.«

»Da irrst aber gewaltig. Ich muss das Kind versorgen, ich muss die Eintragungen in mein Tagebuch machen, und ich muss aufräumen, damit alles für die nächste Entbindung fertig ist.«

»Dafür brauchst doch keine dreieinhalb Stunden.«

»Das nicht, aber es ist Vorschrift, dass ich so lang bei dir bleib, wegen der Gefahr einer möglichen Nachblutung.«

Einen Moment war sie still. Sie rechnete offenbar nach, wie spät es dann sein würde. »Mitternacht wär grad eine halbe Stund vorbei, und bis du zu unserm Haus kämst, wär es vielleicht ein Uhr.«

»Eben. Und dein Mann liegt im tiefsten Schlummer.«

»Das glaubst wohl selbst nicht. Meinst, der bringt heut ein Auge zu? Dazu ist er viel zu aufgeregt, einerseits aus Sorge um mich, andererseits vor Ungeduld, weil er wissen will, was es geworden ist.«

»Es reicht doch wirklich, wenn ich morgen Früh bei ihm vorbeischau. Auf dem Weg zu dir, vor der Wochenpflege.«

»Ach nein, bitt schön, Nanni, tu mir den Gefallen. Solang der Albert nicht weiß, was los ist, findet der keinen Schlaf.«

Schließlich ließ ich mich von ihr breitschlagen, damit sie endlich Ruhe gab. Außerdem, was wogen die Strapazen einer übermüdeten Hebamme schon gegen die Freude, die ein junger Vater empfinden würde bei der Nachricht, dass er einen Sohn bekommen hatte?

Es war halb eins, als ich losmarschieren konnte. Ich stellte meinen Kragen hoch und wickelte meinen Schal enger um den Hals, denn es pfiff ein eisiger Wind. Meinen ganzen Mut zusammennehmend, marschierte ich Richtung Bahnhofsviertel, und es war gegen ein Uhr, als ich an besagtem Haus anklopfte.

Drinnen rührte sich nichts, auch Licht schien keines zu brennen, denn durch die geschlossenen Läden fiel nicht der geringste Schimmer. Ob ich mich einfach davonschleichen sollte? Aber nein, dann hätte ich den ganzen Umweg ja umsonst gemacht. Außerdem würde die Frieda glauben, dass ich mein Versprechen nicht gehalten habe. Also pochte ich nochmals an die Tür, diesmal energischer, doch wieder vergeblich. Nachdem ich eine Ewigkeit gewartet hatte, nahm ich einen großen Stein, um meinem Klopfen noch mehr Nachdruck zu verleihen. Endlich flammte im ersten Stock ein Licht auf, wie ich durch die Ritzen der Läden erkennen konnte. Dann hörte ich, wie das Fenster aufgemacht und der Laden zurückgestoßen wurde. Im Lichtschein erkannte ich die Silhouette eines zerzausten Kopfes. »Kruzitürken!«, fluchte eine Stimme von oben herab. »Was soll der Radau mitten in der Nacht?«

»Bist du der Hochmoser Albert?«, vergewisserte ich mich, bevor ich meine Botschaft überbrachte.

»Ja, was willst denn von mir?«

»Ich bin die Feldmoser Nanni, die Hebamme. Von deiner Frau soll ich dir einen schönen Gruß ausrichten und dir die Neuigkeit überbringen, dass du einen Buben bekommen hast.«

»Das hätt auch noch Zeit bis morgen gehabt«, raunzte er mich an. »Deshalb musst mich nicht aus dem tiefsten Schlaf reißen.« Schon klappten Laden und Fenster wieder zu, und ich stand da wie ein begossener Pudel.

Bei der Morgenvisite fragte die Frieda ungeduldig: »Und: Hat der Albert einen Luftsprung gemacht?«

»Davon hab ich nichts gemerkt. Aber geflucht hat er wie ein Postkutscher.«

»Das kann nicht sein«, antwortete die junge Mutter spontan. »Du warst bestimmt am falschen Haus.«

»Das würd ich auch denken, wenn ich nicht die nächtliche Gestalt extra nach ihrem Namen gefragt hätt.«

Den lieben langen Tag ließ sich kein freudestrahlender, glücklicher Vater blicken, wie ich am Abend erfuhr, als ich noch einmal nach der Wöchnerin schaute. Mit vorwurfsvollem Blick empfing mich die Frieda. »Gewiss warst in der Nacht gar nicht an unserem Haus«, sagte sie mit belegter Stimme. »Die Geschichte hast dir bloß ausgedacht.« Dann kullerten Tränen der Enttäuschung über ihre Wangen.

Tröstend legte ich meinen Arm um ihre Schultern. »Das glaubst doch selbst nicht, was du da sagst. Wahrscheinlich ist der Albert aus irgendeinem Grund verhindert und kommt morgen erst.« Meine eigenen Worte konnte ich allerdings selbst nicht glauben. Ich hegte eher den Verdacht, dass der Gute zu der Sorte

Männer gehörte, die das freudige Ereignis lieber mit Saufbrüdern in der Kneipe feierten als am Bett der Frau.

Am nächsten Morgen erschien er endlich, mit einem Mordsrausch. Er sei verärgert gewesen über die nächtliche Störung und hätte sich aus Wut einen angetrunken, versuchte er sich herauszureden. Ich aber schwor mir, nie wieder mitten in der Nacht eine »freudige Nachricht« zu überbringen.

Die Sache mit dem Plumpsklo

Als mein Mann und ich ein paar Jahre nach Kriegsende heirateten, fingen wir mit nichts an. Was er als Angestellter bei der Bahn verdiente, reichte gerade mal für eine bescheidene Mietwohnung aus, eine sehr bescheidene genau genommen. Ich besserte die Haushaltskasse auf, indem ich einen Nutzgarten anlegte und dort alles zog, was sich in der Küche verwerten ließ. Zeitweilig arbeitete ich auch in einem Sägewerk, sodass ich ein wenig Geld zurücklegen konnte – übrigens die Voraussetzung für meine spätere Hebammenausbildung.

Bis ich die Schule in Salzburg beendet hatte, blieben wir in der winzigen Wohnung, zumal meine Kinder in den Zeiten meiner Abwesenheit ohnehin von meiner Mutter betreut wurden. Dann aber war es für uns ein enormer Fortschritt, als wir ein kleines Holzhaus mieten konnten, das unserer Familie mehr Platz bot. Allerdings verfügten wir jetzt über noch weniger Komfort als früher, denn es gab weder fließendes Wasser noch eine Toilette im Haus. Wir fühlten uns aber reichlich entschädigt dadurch, dass wir auf niemanden mehr Rücksicht nehmen mussten. Es gab keinen Vermieter, der dies und jenes verbot und keine Mitbewohner, die sich über Lärm im Treppenhaus beschwerten. Das Beste jedoch war das Grundstück, durch das ein Wildbach floss. Ich konnte Leinen spannen und meine Wäsche im Wind flattern lassen, anstatt sie nur in der

Küche zu trocknen. Ja, und die Kinder! Für sie war es ein Paradies – es gab genug Platz zum Toben und Spielen, und ich war erleichtert, dass sie sich dadurch von der gefährlichen Straße fernhielten.

Und was den mangelnden Komfort betraf, da arrangierten wir uns. Aus dem Wildbach schöpften wir Nutzwasser, so viel wir brauchten, und das Trinkwasser – man glaubt gar nicht, mit wie wenig man tatsächlich auskommen kann – holten wir uns vom Dorfbrunnen, der kaum zehn Minuten entfernt war. Als stilles Örtchen gab es hinter dem Haus, in respektvoller Entfernung natürlich, ein Plumpsklo. Es bestand aus einer tiefen Grube, in der ein leeres Teerfass versenkt war, mit einem kastenähnlichen Gebilde darüber, in das man ein großes Sitzloch gesägt hatte. Geschützt wurde das Ganze durch das obligatorische Holzhäuschen mit einem Herzerl in der Tür. Zugegeben, im Winter war es nicht sehr angenehm, dort zu thronen, wenn der Wind durch sämtliche Öffnungen und Ritzen pfiff und den Schnee hereinwehte. Aber man gewöhnte sich daran und schränkte die Dauer der Sitzungen so weit wie möglich ein.

Unser einziges wirkliches Problem mit dieser urwüchsigen sanitären Anlage war ihr geringes Fassungsvermögen, denn bereits nach einigen Monaten war die Tonne randvoll. Was tun? Es gab keine Firma, die den Inhalt abholte, und außerdem hätten wir für einen solchen Luxus kein Geld gehabt. Für die Leerung der Grube war man also ganz auf sich gestellt. Dazu benutzte man ein Schöpfgerät, das bei uns Götscht hieß – es war ein hölzerner Topf mit einer langen Stange daran, eine Art überdimensionaler Schöpfkelle, mit der sich die braune Masse gut aus der Tiefe holen ließ. Aber wohin mit dem Zeug? Das war das eigentliche Problem. Weil ich bei der Lösung solch »anrüchiger« Fragen nicht auf die Hilfe meines Mannes hoffen konnte, musste ich mir selbst etwas überlegen. Mir fiel jedoch nichts Besseres ein als der Wildbach. Die Idee war eigentlich gar nicht so schlecht, denn das reißende Gewässer würde alle Fäkalien rasch abtransportieren und sämtliche Spuren wegwaschen.

Doch die Sache hatte einen Haken: Diese Art der Entsorgung war nämlich offiziell verboten. Verständlicherweise, würde ich heute sagen, aber damals sah ich das wohl anders.

Jedenfalls konnte ich mein schmutziges Werk nur im Schutz der Nacht vollbringen. Es war einer jener Sommertage, in denen es spät dunkel und früh hell wird, als unsere Tonne zum ersten Mal voll war. Ich beschloss, vorsichtshalber bis nach Mitternacht zu warten, wenn keine Passanten mehr unterwegs und in der Nachbarschaft alle Lichter erloschen waren.

Fleißig schöpfte ich Kelle um Kelle aus der Tiefe und kippte sie in den Bach. Die Tonne war etwa zur Hälfte geleert, da drang vom Haus her ein Geräusch an meine Ohren – jemand schien an eine der Fensterscheiben zu klopfen. Vor Schreck hätte ich beinahe meinen gefüllten Götscht fallen lassen und erstarrte zur Salzsäule. Nur mein Gehirn arbeitete fieberhaft: War das etwa ein Gendarm? Hatte mir den ein wachsamer Nachbar auf den Hals gehetzt? Was sollte ich tun? Geräuschlos legte ich mein Schöpfgerät ins Gras, schlich mich bis ans Haus heran und spähte vorsichtig um die Ecke.

Erleichtert atmete ich auf. Meine inzwischen an die Dunkelheit gewöhnten Augen identifizierten zweifelsfrei eine Frau aus der Nachbarschaft. Sie war ganz bestimmt nicht gekommen, um meinen nächtlichen Frevel zur Anzeige zu bringen. Die Schneider Hedwig war hochschwanger und brauchte offensichtlich meine Hilfe. Trotz der zwielichtigen Situation, in der ich mich befand, konstatierte ich voller Mitleid, dass sie offensichtlich zu den Frauen gehörte, die selbst die Hebamme holen mussten, weil der Ehemann dazu nicht in der Lage war. Aus welchem Grund auch immer. Trotzdem wagte ich nicht, mich bemerkbar zu machen – zu peinlich war mir mein verbotenes Tun. Also verhielt ich mich mucksmäuschenstill in der Hoffnung, die Hedwig würde heimgehen und später wiederkommen. In der Zwischenzeit konnte ich ins Haus schlüpfen, mich waschen und ordentlich ankleiden.

Irrtum! Die Hedwig dachte gar nicht daran, umzukehren. Stattdessen schrie sie mit zunehmender Lautstärke: »Nanni! Nanni! Bittschön, meld dich! Ich hab so starke Wehen!«

Die schreit mir ja die ganze Nachbarschaft zusammen, dachte ich. Was blieb mir also anderes übrig, als aus meinem Versteck hervorzukommen. Inzwischen hatte ich genug Zeit gehabt, mir eine einigermaßen glaubhafte Ausrede zurechtzulegen: »Tut mir leid, Hedwig. Ich saß grad auf dem Häusl und konnte die Hosen nicht gleich hochziehen.«

Den Unsinn hätte ich mir glatt ersparen können. Meine Hochschwangere hörte überhaupt nicht hin. Der war es völlig egal, was ich eben getan hatte. »Gott sei Dank, dass da bist!«, rief sie erleichtert aus.

»Wie oft kommen die Wehen?«, wurde ich nun ganz sachlich. »Alle vier oder fünf Minuten«, war die Antwort. Ich atmete auf. Das reichte gerade noch. »Geh bitte nach Haus und leg dich ins Bett. In ein paar Minuten bin ich bei dir. Ich muss nur noch meine Tasche holen und was Gescheites anziehen.«

Dass ich mir in einem Bottich neben dem Haus erst einmal gründlich Hände und Arme waschen musste, brauchte sie ja nicht zu sehen. Ich kam einigermaßen rechtzeitig bei ihr an, und es blieb eben noch Zeit für eine notdürftige hygienische Vorbereitung, die meine Dorffrauen übrigens zunächst als unnötigen neumodischen Kram abtaten. Die Geburt verlief recht rasch und ohne Komplikationen. In den frühen Morgenstunden ließ ein hübsches kleines Mädchen seine Stimme zum ersten Mal ertönen – nach zwei Buben eine große Freude für die Mutti. Wie die Mutter bekam es den Namen Hedwig, wurde später jedoch Hedi gerufen, damit es keine Verwechslungen gab. Nachdem ich anschließend meine drei Stunden am Bett der Wöchnerin abgesessen hatte, war es bereits helllichter Tag, als ich endlich völlig übernächtigt wieder unser Grundstück betrat. Dort erwartete mich eine neue Aufregung, sodass ich noch lange nicht zu meinem wohlverdienten Schlaf kam.

Meinem Mann, der an diesem Sonntag keinen Wochenenddienst hatte, war nichts anderes übrig geblieben, als am Morgen in die Rolle des Babysitters zu schlüpfen, sobald die Kinder sich lautstark bemerkbar machten. Anfangs lief alles gut: Zuerst zog er den Großen an, den Rupert, der fünfeinhalb war, dann unsere vierjährige Tochter Franziska und bereitete anschließend ein Frühstück für alle vor. Allerdings schien er sich anschließend so sehr in seine Zeitung vertieft zu haben, dass er nicht mitbekam, was seine lieben Kleinen so trieben. Erst als sein Sohn ihn am Ärmel zupfte und aufgeregt rief: »Du Papa, die Franzi schreit«, kam Leben in ihn. Er sprang auf und rannte hinters Haus. Was war geschehen? Unser Töchterchen hatte auf eigene Faust das stille Örtchen aufgesucht, es mit größter Anstrengung sogar geschafft, ihren kleinen Po auf die Sitzfläche hochzuwuchten, doch dann passierte das Malheur. Franzis Allerwertester war zu zierlich für das Loch über der Grube, und so flutschte das ganze Kind hindurch und fiel in die stinkende Brühe.

Es hatte Glück im Unglück, weil es auf den Füßen landete und die Tonne dank meiner nächtlichen Aktion halb geleert war. Nach dem ersten Schreck begann die Kleine wie am Spieß zu schreien und alarmierte damit ihren Bruder. Als mein Mann an der Unglücksstätte erschien, steckte sie bis zu den Achselhöhlen in Fäkalien. Irgendwie schaffte er es, seine Tochter zu packen und durch die Öffnung herauszuziehen.

Nach der geglückten Rettung war es seine erste Handlung, das Kind völlig auszukleiden und es im Bach von Kopf bis Fuß zu waschen. Für die Kleine der nächste Schock, denn das Wasser war eisig. In diesem Moment kam ich nach Hause und hörte meine Tochter erbärmlich schreien. Als ich den Bach erreichte, fand ich sie in ein Frotteetuch gehüllt vor. Ich drückte mein armes, wimmerndes Kind an mich und brachte es ins warme Bett, während mein Mann mir berichtete, was vorgefallen war.

Anschließend nahm ich mich der verdreckten Kleidung an. Immer und immer wieder warf ich sie in den Bach, rieb sie mit Seife ein, rubbelte und scheuerte sie, aber der Gestank wollte einfach nicht weichen. Entmutigt hängte ich die Sachen schließlich, stinkend wie sie waren, auf die Leine und legte mich selbst für einige Stunden aufs Ohr, bis ich von kleinen Trippelschritten vor meinem Bett geweckt wurde. Ich zog meine Tochter zu mir unter die Decke und ließ mir von ihr noch einmal beschreiben, wie sich das Missgeschick ereignet hatte. Erst danach wurde mir so richtig bewusst, in welcher Gefahr sie geschwebt hatte und dass die Geschichte sehr wohl hätte böse enden können. Ich sandte einen stillen Dank zu ihrem Schutzengel. Doch allein auf die himmlischen Mächte mochte ich mich für die Zukunft nicht verlassen. Also knöpfte ich mir meine Kinder vor und redete ihnen ernstlich ins Gewissen, nie, nie wieder allein aufs Plumpsklo zu gehen. Sie nickten nachdrücklich und versprachen es mir hoch und heilig.

Der einzige »Totalschaden«, der uns entstanden war, betraf Franzis Kleidung. Selbst nachdem sie im Sommerwind getrocknet waren, stanken die Sachen weiterhin gottserbärmlich. Und obwohl wir jede Ausgabe angesichts unserer nicht gerade rosigen finanziellen Lage dreimal überlegen mussten, schob ich das stinkende Zeug kurzerhand in den Küchenherd.

Problemfall Frühgeburt

Jede Hebamme hat die Pflicht, sobald Unregelmäßigkeiten auftreten, einen Arzt hinzuzuziehen oder die Schwangere in ein Krankenhaus zu schicken. Das ist beispielsweise auch der Fall bei einer drohenden Frühgeburt. Für die Klinikeinweisung sprechen zwei Gründe: Erstens hat das Frühgeborene dort wegen der besseren medizinischen Versorgungsmöglichkeiten eine wesentlich größere Überlebenschance, zweitens ist auch die Mutter in besserer Obhut, falls etwas aus dem Ruder läuft. Eine Frühgeburt bedeutet nämlich immer einen erheblichen unnatürlichen Eingriff in den Organismus, der im schlimmsten Fall sogar Lebensgefahr bedeuten kann. Also versuchte ich nach Möglichkeit, falls Zeit blieb, die oft widerstrebenden Bäuerinnen ins nächste Krankenhaus bringen zu lassen.

Bei sehr unreifen Frühgeburten allerdings konnte man damals selbst dort nichts mehr tun. Eine gewisse Chance bestand erst ab Beginn des siebten Lunarmonats, wie man in der Geburtshilfe zählt. Der Begriff kommt vom lateinischen Wort »luna« (Mond), und ein Monat umfasst in dieser Rechnung exakt vier Wochen. Die reguläre Schwangerschaft mit zweihundertachtzig Tagen dauert also genau zehn Lunarmonate, während es nach dem normalen Kalender nur neun Monate sind.

Ein Kind, das unter einem Kilo wog, hatte bis in die Fünfzigerjahre des vorigen Jahrhunderts, als ich mit meiner Hebammentätigkeit begann, keine Chance durchzukommen. Es gab zwar schon Brutkästen, aber die waren längst nicht so ausgeklügelt, und so mussten wir bei vielen Frühchen einfach der Natur ihren Lauf lassen. Derart winzige Kinder am Leben zu erhalten, wie es die hoch technisierte moderne Medizin vermag, diese Möglichkeit lag noch in weiter Ferne. Heute haben sie, egal wie klein, eine reelle Überlebenschance, werden an Kabel und Schläuche angeschlossen, beatmet und künstlich ernährt, stets von Monitoren überwacht, bis sie in etwa ein normales Geburtsgewicht erreichen.

Als Hebamme musste man sich damals irgendwie behelfen. Wenn eine werdende Mutter mir sagen konnte, um wie viel zu früh ihr Kind kommen würde, was durchaus nicht immer der Fall war, oder wenn das Abtasten des Bauches mir zuverlässige Hinweise gab, habe ich gleich die Rettung bestellt oder den Arzt verständigt, falls es für einen Transport ins Krankenhaus bereits zu spät schien. Letzteres war bei den Salvenmosers der Fall.

Es war an einem heißen Sommertag, kein Wölkchen trübte den Himmel, als ich mich bergauf zu ihrem einsam gelegenen Hof kämpfte. Der Bauer hatte mich von einem öffentlichen Fernsprecher aus verständigt – ich selbst besaß mittlerweile Telefon –, dass seine Frau in den Wehen liege. Dann war er mit seinem Moped gleich wieder umgekehrt, statt bei der Telefonzelle auf mich zu warten, um zumindest meine schwere Tasche mit nach oben zu nehmen.

Ich kannte die Salvenmoserin bereits von ihrem vierten Kind her. Das musste vor anderthalb Jahren gewesen sein, und ich erinnerte mich, dass es eine schnelle und leichte Geburt gewesen war. Bei meinem Eintritt in die Schlafkammer atmete sie schwer, was auf eine Wehe hindeutete. Als ich mir jedoch ihren Leib anschaute, wusste ich auf Anhieb, dass es für eine reguläre Entbindung noch zu früh war. Auf meine Frage nach ihrer letzten Regelblutung konnte sie mir zum Glück präzise Auskunft geben – demnach war sie in der vierundzwanzigsten Woche, also noch viel zu früh für eine günstige Prognose. Vielleicht ließ sich die Geburt ja noch stoppen, hoffte ich insgeheim, doch dann entdeckte ich eine Blutung – allem Anschein nach war der Fötus nicht mehr zu halten.

Jetzt musste schleunigst der Sprengelarzt her, denn für einen Transport ins Spital war es bereits zu spät. Dem Bauern, der während der Untersuchung händeringend in der Kammer auf und ab gegangen war, blieb es nicht erspart, abermals mit seinem Moped ins Dorf zu tuckern, um unseren alten Doktor zu benachrichtigen, der dem Sebastian mit seinem Auto ein Stück bergauf folgen würde. Den Rest des Weges, da wo er für Autos unpassierbar war, musste er auf dem Sozius zurücklegen.

Er kam gerade rechtzeitig, um die Ausstoßphase mitzuerleben. Man mag es nicht glauben: Obwohl der Körper eines unreifen Babys so winzig ist, bereitet die Geburt der Mutter ebenso große Schmerzen wie die eines voll ausgetragenen Kindes, denn hinsichtlich der Heftigkeit der Presswehen gibt es keinen Unterschied. Der Arzt und ich erkannten auf den ersten Blick, dass dieses Menschlein nicht lebensfähig war. Während meiner Ausbildung hatte man uns auch geschult, in welchen Fällen man eine Nottaufe vornehmen sollte und wie man sie durchführte. Natürlich musste man zuvor um Erlaubnis fragen, doch auf dem Land erübrigte sich das eigentlich, denn weder die Mutter noch der Vater würden etwas dagegen haben. Im Gegenteil: Die Menschen hier legten größten Wert darauf, dass ihrem Kind durch die Taufe wenigstens die Aussicht auf ein ewiges Leben erhalten blieb, wenn ihm schon kein irdisches vergönnt war. Wie tief verwurzelt die Frömmigkeit im Leben der Dörfler war, zeigte sich allein daran, dass in jedem Schlafzimmer neben der Tür ein Weihwasserbrunnen oder Weihwasserkessel, wie man anderswo sagt, hing.

Während sich der Arzt weiter um die Mutter bemühte, nahm ich das Gefäß von der Wand und goss in Kreuzesform Wasser über die winzige Stirn des verlöschenden Lebens. Dabei sprach ich die Worte: »Ich taufe dich im Namen des Vaters und des Sohnes und des Heiligen Geistes.« Wenige Minuten später hauchte der kleine Körper sein Leben aus. Der winzige Leichnam, der deutlich unter tausend Gramm wog, wurde in ein Tuch gehüllt und beiseitegelegt. Jetzt ging es in erster Linie um Leben und Gesundheit der Mutter. Auch das war in unserer bäuerlichen Gegend von großer Wichtigkeit, denn was würde man machen ohne die Hausfrau, die Bäuerin? Keine Magd war imstande, ihre unermüdliche Arbeitskraft und ihren Fleiß zu ersetzen, und ein Bauer war verloren ohne sie. Jeder kannte zudem das traurige Los von Kindern, deren Mutter im Kindbett gestorben war. Falls es überhaupt noch Großeltern gab, fühlten diese sich oft der Aufgabe nicht gewachsen. Im günstigsten Fall fand der

Bauer vielleicht bald eine neue Frau, oftmals innerhalb der Verwandtschaft, aber zumeist war keine interessiert an einem Witwer mit einem Haufen unmündiger Kinder und einem Einödhof, auf dem man sich von der Früh bis in die Nacht schinden musste. Dann wurden die Kinder auseinandergerissen, unter den Verwandten verteilt oder, sofern sie über zehn Jahre alt waren, als Arbeitskräfte zu Bauern gegeben, wo sie sich ihr Brot selbst verdienen mussten.

Den Kindern der Salvenmoserin sollte das nicht passieren, doch bei der Annegret wollte sich die Blutung einfach nicht stillen lassen. Selbst eine entsprechende Spritze richtete wenig aus. Da zudem die Plazenta keine Anstalten machte, sich zu lösen, entschloss sich der Sprengelarzt zu einer Curettage.

Dieser Eingriff, im Volksmund unter der Bezeichnung Ausschabung bekannt, wird mit einem löffelartigen Gegenstand, der Curette, ausgeführt und muss, weil das sehr schmerzhaft ist, unter Narkose gemacht werden. Im Krankenhaus, wo es einen Anästhesisten oder zumindest eine Narkoseschwester gibt, kein Problem, aber was sollten wir tun in einem Bauernhaus, über tausend Meter hoch am Ende der Welt gelegen und mit keinem normalen Fahrzeug zu erreichen? Da musste die Hebamme als Narkoseschwester herhalten. Der Arzt drückte mir eine Metallmaske in die Hand, dazu ein Mulltuch und ein Fläschchen Äther. Die Maske stülpte ich der Bäuerin über die Nase, den Lappen legte ich darüber und ließ darauf Tropfen um Tropfen aus dem Fläschchen fallen, während die Salvenmoserin auf Geheiß des Arztes laut zählen musste, damit sie tiefer einatmete und das Narkotikum schneller wirkte. Außerdem erkannte man auf diese Weise sofort, wenn sie eingeschlafen war, und vermied eine Überdosierung. So einfach ging das damals, keine Kontrolle des Blutdrucks, kein Überwachen der Atmung oder der Herzfrequenz.

Trotzdem ging alles gut. Bald nach dem Eingriff wachte die Annegret auf und fand sich schnell wieder in der Wirklichkeit zurecht. »Was ist mit dem Kind?«, wollte sie wissen, ganz sachlich, ganz ohne Emotionen. Eigentlich hatte ich erwartet, dass sie in Tränen und Jammern ausbrechen würde, und schob die fehlenden Emotionen auf die Nachwirkungen der Narkose. Bald merkte ich jedoch, dass auch der Ehemann und seine Eltern die Tatsache, dass die Jungbäuerin eine Totgeburt erlitten hatte, völlig nüchtern betrachteten. Auch bei ihnen gab es kein Klagen, keine große Trauer. Man sah es nicht als Tragödie an, sondern nahm es einfach als gegeben hin. Wenn dieses Kind nicht leben durfte, dann vielleicht das nächste. Das war eben Schicksal, in das musste man sich fügen.

Diese Haltung sollte ich in Zukunft in meinem Sprengel immer wieder erleben. Vermutlich lag es daran, dass der Tod eines Kindes irgendwie als normal galt: Kinder starben bei der Geburt, an allerlei Krankheiten, und man war daran gewöhnt, dass längst nicht alle heranwuchsen. Diese Einstellung änderte sich erst, als durch den medizinischen Fortschritt ein grundlegender Wandel stattfand. Bis dahin aber trug man es mit Gelassenheit und Ergebung – wie die alte Salvenmoserin, die zu mir sagte: »Die Annegret hat bereits einige Kinder, und so Gott will, wird sie weitere kriegen.«

Obwohl kein Säugling zu versorgen war, erschien ich in den nächsten Tagen zur Wochenpflege, denn die Mutter hatte immerhin einen chirurgischen Eingriff hinter sich. Auch tat es ihr sichtlich gut, über das Geschehene reden zu können. Wenngleich sie nach wie vor nicht über den Verlust des kleinen Jungen klagte, so lag ihr die Frage seiner Beisetzung doch sehr am Herzen. Fehlgeburten und nicht lebensfähige Frühgeburten wurden in der Regel vom Kindsvater in eine selbst gezimmerte Kiste gelegt und auf dem Friedhof in einer Ecke der Familiengrabstätte beigesetzt. Die Salvenmosers aber wünschten eine richtige Beerdigung, und deshalb hatte der Sebastian seinen Sohn, der in der Nottaufe nach Annegrets Vater den Namen Jakob erhalten hatte, beim Pfarrer an- und gleichzeitig abgemeldet. Und so bekam der Kleine, der nicht hatte leben dürfen, im Beisein seines Vaters und seiner Großeltern ein würdiges kirchliches Begräbnis auf dem Dorffriedhof, wo er bei den Kindergräbern seine letzte Ruhe fand.

Eine himmlische Fügung

Nottaufen gehörten früher leider zum Alltag einer Hebamme – eben weil seinerzeit viele Kinder nicht lebensfähig zur Welt kamen. Darum waren wir auch auf der Salzburger Lehranstalt speziell für den Umgang mit diesen traurigen Fällen geschult worden, wozu auch die Kenntnis des Taufritus gehörte. Allerdings erlebte ich damals bereits, dass es in der Stadt eine ganze Menge Leute gab, die eine Nottaufe nicht für wichtig hielten oder diese sogar rundheraus ablehnten. Natürlich waren wir gehalten, die Wünsche der Eltern zu berücksichtigen, doch einmal ist es mir im Trubel der Ereignisse passiert, dass ich die Erlaubnis einzuholen vergaß. Was zunächst zu einem mittleren Drama auszuufern drohte, erwies sich am Ende als Wink des Schicksals oder, um in der religiösen Sprache zu bleiben, als Fügung Gottes.

Gegen Ende meiner Ausbildung sollte ich mit meiner Lehrhebamme in der Frauenklinik eine Entbindung durchführen, bei der ein Frühchen erwartet wurde. Es ging hektisch zu an diesem Tag, zumal unsere Schwangere, eine anspruchsvolle Fabrikantengattin, die mit den Geburtsschmerzen schlecht zurechtkam, uns mit ihren gellenden Schreien die anderen Gebärenden verrückt machte, bis ihr der diensthabende Arzt eine Evipanspritze gab. Wenig später war das Kind da, ein armseliges Mädchen von fünfundvierzig Zentimetern

Länge und knapp zwei Kilo Gewicht. Es wollte und wollte nicht schreien, so sehr wir uns auch um es bemühten. Erst einige energische Klapse auf das winzige Hinterteil brachten es dazu, sein Stimmchen ertönen zu lassen. Danach übergab die Lehrhebamme mir das Neugeborene zur weiteren Versorgung, während sie selbst und der Arzt sich um die Mutter kümmerten.

Ich hatte die Anweisung erhalten, das winzige Mädchen, nachdem ich es gebadet hatte, in das Frühgeborenenzimmer zu bringen, damit es dort in den Brutkasten gelegt wurde. Weil es nicht nur sehr unreif aussah, sondern auch äußerst zerbrechlich wirkte, wuchs in mir plötzlich die Besorgnis, das kleine Mädchen könnte womöglich schon seine erste Nacht nicht überleben. Um mir als guter Katholikin später keine Vorwürfe machen zu müssen, beschloss ich, dem Kind die Nottaufe zu spenden. Dass ich keine Erlaubnis der Eltern hatte – die Mutter war noch nicht ansprechbar, der Vater nicht zu erreichen –, schien mir das geringste Problem zu sein. Ich irrte gewaltig, wie ich bald feststellen sollte.

Zunächst war ich jedoch fest davon überzeugt, völlig richtig zu handeln. Ich goss Weihwasser über das Köpfchen und sprach die vorgeschriebenen Taufworte. Nicht nur das – ich vermerkte die Nottaufe auch im stationsinternen Tagebuch, in dem alle wichtigen Vorkommisse festgehalten wurden. Außerdem machte ich anschließend meiner Lehrhebamme Mitteilung, sodass alle Bescheid wussten.

Unser Frühchen überlebte nicht nur seine erste Nacht, sondern eine nach der anderen, nahm zusehends zu an Reife, Gewicht und Länge, und nach einigen Wochen konnten die Eltern ein gesundes Kind bei uns abholen. Sie waren überglücklich, bis sie bei der Entlassung von der Nottaufe erfuhren. Vor allem der Vater fiel aus allen Wolken. Das bedeute doch nicht, versuchte die Säuglingsschwester zu beschwichtigen, dass keine offizielle, feierliche Taufe mehr stattfinden könne. Sie verkannte das Problem gründlich, wie sie bald merkte.

»Was fällt euch ein? Ich lehne Taufen ab!«, herrschte der Mann die Schwester an. »Wer hat das veranlasst?«

»Ich weiß es nicht«, antwortete diese wahrheitsgemäß. »Aber das lässt sich herausfinden.«

Bald stand ich als Täter vor dem erbosten Vater, der aus der Kirche ausgetreten war und sich als Freigeist betrachtete. Die Taufe seiner Tochter lief seinem ganzen Weltbild zuwider.

»Was fällt Ihnen ein?«, herrschte er mich an. »Ihr eigenmächtiges Handeln wird Sie teuer zu stehen kommen.«

O Gott! Wollte er mich etwa anzeigen? Mit bemüht ruhigen Worten versuchte ich ihm meine Gründe und meine Sichtweise zu erklären, aber nichts vermochte seinen Ärger zu besänftigen.

»Ich hab es doch nicht bös gemeint«, verteidigte ich mich jetzt. »Ich hatte bloß Angst, dass sie die Nacht nicht überlebt.«

»Sie hat aber überlebt, wie Sie sehen.«

»Ja, zum Glück! Darüber sollten Sie über die Maßen froh sein und dem Herrgott danken.«

Mit dieser Empfehlung kam ich allerdings schlecht bei ihm an, denn jetzt ging das Gezeter erst recht los. »Für mich existiert Gott nicht. Also muss ich ihm auch nicht danken. Außerdem, was maßen Sie sich an? Sie als einfache Schülerin wollen mir vorschreiben, was ich zu tun habe? Ich will Ihnen mal sagen, was Sie zu tun gehabt hätten: Ihre Aufgabe wäre es gewesen, sich den Erhebungsbogen anzuschauen. Dann hätten Sie nämlich festgestellt, dass wir keiner Konfession angehören und eine Nottaufe demzufolge völlig unangebracht war.«

Es ging noch eine Weile hin und her, ohne dass der aufgebrachte Vater meine Erklärungen und Entschuldigungen akzeptieren wollte. Schließlich ließ er mich einfach stehen. Seine Frau hatte während der ganzen Szene nur schweigend dabeigestanden, den Säugling auf ihrem Arm fest an sich gedrückt.

Einige Tage später wurde ich zu unserem Primarius zitiert. Er ließ sich von mir den Fall schildern und ermahnte mich, solche Eigenmächtigkeit künftig zu unterlassen, was ich mit schuldbewusst gesenktem Kopf versprach. Danach erzählte er mir schmunzelnd, dass es ihm gelungen sei, den aufgebrachten Vater zu beschwichtigen, und ich somit keine Konsequenzen befürchten müsse. Der Chefarzt hatte dem Mann klarmachen können, dass die Nottaufe seiner Tochter, wenn er es denn so wolle, ohne jede Verpflichtung bleibe. Da sie bislang in keinem Kirchenregister eingetragen wurde, sei das Kind offiziell kein Mitglied der Kirche, und genau das war ja der springende Punkt. Es liege allein an den Eltern, ob die Taufe bindend werde oder nicht. Der Primarius riet dem Kirchengegner, sie doch einfach zu ignorieren und die Tochter religionslos aufwachsen zu lassen. Was er dann wohl auch tat, wie ich viel später erfahren sollte, denn die Geschichte war an diesem Punkt noch nicht zu Ende. Allerdings hörte ich erst wieder von dieser Familie, als ich sie eigentlich längst vergessen hatte, höchstens einmal bei einer zu spendenden Nottaufe dachte ich kurz an die verzwickte Situation von damals.

Zwanzig Jahre später führte mich ein sonderbarer Zufall genau mit jenem Frühchen zusammen, das ich aus Sorge um sein Seelenheil seinerzeit ohne Einwilligung der Eltern getauft hatte. Ich war eingeladen, beim Eintritt einer Nichte in ein Kloster anwesend zu sein. Es handelte sich um die Tochter meines Bruders, die ich schon über die Taufe gehalten hatte und die nach mir Marianne hieß. Mit zwanzig war dieses Patenkind auf die Idee gekommen, der Welt Lebewohl zu sagen und in einen Orden einzutreten, was sowohl von ihren Eltern als auch von den Großeltern freudig begrüßt wurde. Man war auf dem Land noch lange stolz darauf, wenn eines der Kinder einen geistlichen Beruf oder ein Leben in klösterlicher Abgeschiedenheit wählte. Nach einer einjährigen Vorbereitungszeit sollte nun die feierliche Einkleidung mit Ablegen der zeitlichen Gelübde erfolgen, und dazu waren nicht nur die Eltern, Geschwister und Großeltern eingeladen, sondern auch Onkel und Tanten, besonders natürlich die Paten.

Wie stolz war ich, meine kleine Nichte vor den Altarstufen in der Reihe mit vier anderen Postulantinnen zu sehen. Die erste wurde mit ihrem vollen Namen aufgerufen und trat vor den greisen Priester hin. Dieser legte ihr die Hände aufs Haupt, sprach sie mit ihrem Vornamen an und ließ sie das Gelübde sprechen. Anschließend sagte er in etwa, dass sie mit diesem Gelübde auch den alten Menschen ablege und nun als Braut Christi einen neuen Namen erhalte. Als dann meine Nichte an die Reihe kam, allem Weltlichen abschwor und ihr Ordensname genannt wurde, konnte ich nicht mehr an mich halten. Vor Rührung zerdrückte ich einige Tränen und hätte beinahe nicht auf die nächste Novizin geachtet. Doch plötzlich ging mir ein Licht auf. Dieser für unsere Gegend gänzlich ungebräuchliche Name! Wer hieß hier schon Tamara? Und auch ihr Familienname war etwas ungewöhnlich, sodass ich ihn mir bis heute gemerkt hatte. Ein Bild aus längst vergangenen Tagen tauchte vor meinem inneren Auge auf. Ein kleines Mädchen im Arm seiner Mutter, daneben ein aufgebrachter Vater, das Lehrkrankenhaus in Salzburg und ich als Hebammenschülerin. Vom Rest der Einkleidungszeremonie bekam ich nicht mehr viel mit, ungeduldig fieberte ich dem Ende der religiösen Handlung entgegen. Danach sollte nämlich ein gemeinsames Mahl für die Novizinnen und ihre Angehörigen stattfinden. Vielleicht ergab sich ja eine Gelegenheit, mit jener jungen Schwester, die den Ordensnamen Gertrudis erhalten hatte, ins Gespräch zu kommen.

Tatsächlich gelang es mir, einen Platz neben ihr zu ergattern. Während fast alle anderen Novizinnen von ihren Eltern eingerahmt am Tisch saßen, hatte Gertrudis nur eine weibliche Begleitperson neben sich, in der ich bei genauerer Betrachtung die Fabrikantengattin wiederzuerkennen glaubte. Der Stuhl zur Linken der jungen Schwester war frei geblieben. Während des einfachen Mahls, das weitgehend schweigend eingenommen wurde, wagte ich es nicht, meine Tischnachbarin anzusprechen. Beim Pudding dann, als sich ein allgemeines fröhliches Geschnatter erhob, kam sie mir zuvor und fragte mich freundlich: »Zu welcher Novizin gehören denn Sie?«

»Zur Marianne Maierhofer. Verzeihung, ich meine Schwester Felicitas.«

»Ach ja? Eine sehr nette Person und äußerst tüchtig. Man merkt ihr an, dass sie schon früh Verantwortung hat übernehmen müssen. Offensichtlich hat sie viele Angehörige mitgebracht.«

»Ja, ja, wir sind eine große Familie«, bestätigte ich. »Ganz im Gegensatz zu Ihrer, scheint mir.«

»Das kann man wohl so sagen. Ich bin als Einzelkind aufgewachsen und meine Mutter ebenfalls. Übrigens, darf ich sie Ihnen vorstellen?« Bei diesen Worten lehnte sie sich ein wenig zurück und gab den Blick auf ihre Tischnachbarin frei. Wir reichten uns die Hände, und ich nannte meinen Namen. Dabei war mir, als würde im Gesicht der noch immer attraktiven Dame ein Funke des Erkennens aufleuchten. Für einige Sekunden schien sie angestrengt darüber nachzudenken, wo und wie ich einzuordnen sei. Dann fragte sie plötzlich unverblümt: »Sind Sie nicht die Hebammenschülerin, die meiner Tochter die Nottaufe gespendet hat?«

Überrascht nickte ich: »Donnerwetter, dass Sie mein Gesicht wiedererkennen, zumal nach zwanzig Jahren, die schließlich ihre Spuren hinterlassen haben.«

»Es ist nicht nur das Gesicht – es ist auch der Name.«

»Sind Sie mir noch immer böse?«, steuerte ich direkt auf das Thema zu, das uns verband.

»Ich? Nein. Ich war Ihnen niemals böse. Ich habe nur zu gut verstanden, dass Sie mit der Taufe meinem Kind etwas Gutes tun wollten, obwohl ich damals der Kirche ebenfalls fernstand. Allerdings wagte ich es seinerzeit nicht, meinem Mann zu widersprechen, weil er in dieser Hinsicht völlig kompromisslos war.«

Tamara oder Schwester Gertrudis, die unser Gespräch schweigend, aber mit sichtlichem Interesse verfolgt hatte, mischte sich nun ein: »Sie sind also die Frau, die mich getauft hat! Dafür danke ich Ihnen von Herzen.« Ohne recht zu begreifen, wie mir geschah, erfasste sie meine Rechte und schüttelte sie kräftig.

Da wir alle drei das Bedürfnis hatten, uns ausgiebig und ungestört zu unterhalten, sonderten wir uns von der Tischgesellschaft ab und begaben uns in den gepflegten Klostergarten. Während wir uns zwischen den Blumen- und Kräuterbeeten, zwischen Zierbüschen, Beerensträuchern und Obstbäumen ergingen, lauschte ich gebannt der Geschichte, die mir Mutter und Tochter erzählten.

Dem Ehepaar war weiterer Kindersegen versagt geblieben, und so hatte der Vater seine ganze Liebe und all seine Hoffnungen auf seine einzige Tochter gesetzt. Sie galt ihm nicht nur als Garantin für den Fortbestand der Familie, sondern auch für den seiner Firma, die schon seit Generationen in Familienbesitz war. Konsequent hatte er auch eine nicht kirchliche Erziehung verfolgt und sie in der Schule vom Religionsunterricht abgemeldet.

Doch er hatte die Rechnung ohne seine Tochter gemacht. Die nämlich war neugierig geworden und ließ sich von der Freundin und Banknachbarin erzählen, was im Religionsunterricht durchgenommen wurde, und saugte alles begierig in sich auf. Nachdem sie das erste Schuljahr hinter sich gebracht hatte, wollte sie mehr wissen und bat ihren Vater, ob sie nicht doch am Religionsunterricht teilnehmen dürfe. Er antwortete mit einem klaren Nein und erklärte ihr, es sei alles nur Humbug, was man da lerne. Nichts, was einem im wirklichen Leben nütze.

Diese Abfuhr schürte ihr Interesse für alles Religiöse noch mehr, und so fasste sie sich eines Tages ein Herz und zog ihre Klassenlehrerin ins Vertrauen. Die beiden schmiedeten ein Komplott: Tamara besuchte ab sofort inoffiziell den Religionsunterricht, und sie versicherten einander, dem Vater gegenüber kein Sterbenswörtchen verlauten zu lassen.

Mit Traurigkeit im Herzen erlebte das Kind, wie die Mitschülerinnen zur ersten heiligen Kommunion gehen durften. Und später im Gymnasium, wo sie wiederum eine verständnisvolle Lehrerin fand, die ihr den heimlichen Besuch des Religionsunterrichts ermöglichte, sah sie wehmütig zu, wie die anderen im Alter von vierzehn Jahren die heilige Firmung empfingen. Da nahm sie sich vor, dass sie, sobald sie erwachsen war, das alles nachholen wollte.

Sie empfand es als persönliches Geschenk, dass just zu dieser Zeit das Alter der Volljährigkeit auf achtzehn gesenkt wurde. Drei Jahre weniger, die sie warten musste. Gleich nach Erreichen dieser magischen Altersgrenze wollte sie sich taufen lassen und vertraute ihre Pläne der Mutter an. Eingestellt auf einen kleinen Kampf, war sie maßlos überrascht, als diese ganz anders als erwartet reagierte. »Ja, Kind, du brauchst dich nicht taufen zu lassen, du bist es bereits!« Und wie zu sich selbst war sie fortgefahren: »Demnach scheint die Taufe doch mehr zu sein als eine bloße Zeremonie, und den lieben Gott gibt's wohl auch. Mir kommt es so vor, als habe er im Augenblick deiner Taufe seine Hand auf dich gelegt und dich nicht mehr losgelassen.«

»Da könntest du recht haben«, erwiderte die Tochter, »so habe ich das immer empfunden, deshalb will ich dir noch mehr anvertrauen. Gott lässt mich nicht mehr los. Sobald ich die Matura in der Tasche habe, werde ich in ein Kloster eintreten.«

»O mein Gott!«, hatte die Mutter geseufzt. »Dein Vater wird toben. Du solltest doch die Familientradition fortsetzen, nach einem Wirtschaftsstudium die Firma übernehmen, und einen passenden Mann hat er auch schon für dich ins Auge gefasst.«

Aber Tamara war entschlossen, ihr Leben Gott zu weihen. Natürlich blieben heftige Kämpfe mit dem Vater nicht aus, der die Hoffnung nicht aufgeben wollte, die Tochter doch letztlich wieder auf den Weg der Vernunft zurückzuführen, wie er es ausdrückte. Aber keine Vorhaltungen, keine Argumente fruchteten, sodass am Ende die bitteren Worte fielen: »Dass du am Ende von diesem Bazillus infiziert worden bist, kann nur an der heimlichen Taufe durch diese Hebammenschülerin liegen.«

»Ja, Vater, und vielleicht sollte dir das zu denken geben, dass es doch einen Gott gibt.«

Am Ende hatte er resigniert. »Meinetwegen, geh ins Kloster«, waren seine letzten Worte gewesen, die er ihr zum Abschied mit auf den Weg gab. »Ich sehe es ein, man kann Gott nicht in den Rücken fallen. Auch wenn man ihn ignoriert, ist er da. Die Hauptsache ist, du wirst glücklich, mein Kind. Aber erwarte nicht, dass ich mitgehe und zuschaue, wie dort meine ganzen Hoffnungen zunichte gemacht werden.«

Die Mutter hatte sie zum Kloster begleitet, als sie um Aufnahme bat. Zunächst allerdings musste sie offiziell Mitglied der Kirche werden und eine entsprechende Unterweisung durchlaufen. Schließlich empfing sie am Tag ihres Klostereintritts in Gegenwart der Mutter noch einmal die Taufsakramente. Diesmal war es eine feierliche Zeremonie in der Klosterkapelle, vorgenommen von dem alten Priester. Obwohl die von mir gespendete Taufe nicht ungültig war, benötigte Tamara für ihren Eintritt ins Kloster einen offiziellen Taufschein. Gleich im Anschluss an die heilige Handlung durfte die junge Postulantin zum ersten Mal zum Tisch des Herrn gehen, ein für sie beseligender Augenblick. Und wenige Wochen später wurde sie in der Pfarrkirche des Ortes vom Weihbischof gemeinsam mit Dreizehn- und Vierzehnjährigen gefirmt.

Ich kann gar nicht in Worte fassen, wie bewegt ich von dieser Lebensgeschichte war, die ihre ganz eigene, unerwartete Wendung genommen hatte, und dachte an das alte Sprichwort: Der Mensch denkt und Gott lenkt. Als sich die Angehörigen der jungen Ordensfrauen verabschieden mussten, drückte mir Schwester Gertrudis ganz fest die Hand und flüsterte mir zu: »Sie haben damals Ihre Sache gut gemacht. Sie sehen selbst, Gottes Wege sind nicht unsere Wege.« Und ich wurde bestärkt in meinem festen Glauben, dass es sich hier nicht um eine Laune des Schicksals, sondern um eine Fügung des Himmels handeln musste.

Fiakerkinder

Es war im Mai meines ersten Dienstjahres. Die Luft war mild, die Sonne strahlte vom blauen Himmel, und ich hockte gerade vor den Beeten in meinem Nutzgarten, um Pflänzchen zu setzen, als ich von ferne munteres Pferdegetrappel vernahm. Sollte das etwa Kundschaft für mich sein? Ich erhob mich aus meiner gebückten Haltung, streckte meinen geschundenen Rücken und machte einen langen Hals in die Richtung, aus der das Geräusch kam. Das Gefährt näherte sich schnell, und ich erkannte, dass es sich um den Fiaker Burger handelte, der mir längst aus dem Ortsbild vertraut war. Die Fiaker – so nennt man in Österreich nicht nur die Pferdekutschen, sondern auch deren Lenker – pflegten die Urlaubsgäste, die nach und nach in größerer Zahl unser Tal entdeckten, vom Bahnhof abzuholen und zu ihren Quartieren zu bringen und umgekehrt. Autos gab es damals nur ganz wenige in unserer Region.

Ein bisschen enttäuscht, dass für mich kein Geschäft in Aussicht schien, gleichzeitig aber auch erleichtert, dass ich meine Gartenarbeit nicht unterbrechen musste, wandte ich mich erneut meinen Beeten zu. Kaum hatte ich meine hockende Haltung wieder eingenommen, vernahm ich ein lautes »Brrr«. Neugierig richtete ich mich abermals auf und sah gerade noch, wie sich der Burger vom Kutschbock schwang. Er eilte geradewegs auf mich zu.

»Ich hab dich nicht bestellt«, rief ich ihm statt einer Begrüßung zu.

»Du net«, erwiderte er lachend, »aber meine Frau dich. Ich soll ihr die Hebamme bringen, hat sie mir angeschafft, bei ihr würd's losgehen. Bring also alles mit, was du zu einer Entbindung brauchst.«

Das ließ ich mir nicht zweimal sagen. Zunächst aber holte ich mir die wichtigsten Informationen ein. Es handelte sich um das erste Kind, und die Wehen waren bei seiner Abfahrt im Abstand von zwanzig Minuten gekommen. Mir blieb also genügend Zeit, mich umzuziehen und mir die Hände gründlich zu waschen. Gartenerde enthält nämlich zahlreiche Krankheitskeime, die für eine Gebärende gefährlich werden können. Bald darauf schwang ich mich neben den Burger auf den Kutschbock und genoss es, mich wie eine Königin durch meinen Wohnort fahren zu lassen, dabei nach allen Seiten blickend, ob ich nicht Bekannte entdeckte. Im Fiaker fahren, so etwas konnten sich Einheimische kaum leisten.

Während der Fahrt blieb dem Burger Wastl genug Zeit, mir von seinem Beruf zu erzählen. Demnach hatte schon sein Vater dieses Unternehmen gehabt beziehungsweise es als junger Bursche im Jahr 1920 selbst gegründet. Allerdings diente sein Fuhrbetrieb damals nicht in erster Linie der Personenbeförderung – das hätte sich kaum gelohnt –, nein, der Burger transportierte als Besitzer von vier starken Rössern alles, was halt transportiert werden musste: Kohle, Holz, Baumaterial.

So wuchs der Wastl schon früh in das Fuhrgeschäft hinein und konnte sich für sein Leben nichts anderes vorstellen, als eines Tages stolz auf seinem eigenen Kutschbock zu sitzen.

Ab 1941, nach zwei Jahren Krieg, kam das Geschäft weitgehend zum Erliegen, weil der Vater samt seinen beiden besten Pferden zum Militär eingezogen wurde. Mit den verbliebenen älteren Tieren fuhr statt seiner der zehnjährige Wastl bei Bedarf Kohlen und andere Güter aus. 1943, der junge Burger stand kurz vor der Schulentlassung, tauchte dort zum Zweck der Berufsberatung ein strammer Hitlerjugend-Führer auf. Was er denn werden wolle, fragte der Mann den Wastl.

»Ein Fiaker«, antwortete der Bub im Brustton der Überzeugung.

»Fiaker?«, fragte der HJ-Mann, »was ist denn das?«

»Das ist einer, der mit einer Pferdekutsche umeinanderfährt«, klärte ihn der Wastl auf.

»Diese Berufsbezeichnung gibt's bei uns nicht mehr«, belehrte ihn der NS-Mann, »heutzutage heißt das Kutscher.«

Darauf antwortete der Fiakersohn nichts. Im Stillen dachte er nur: Und ich werd doch Fiaker. Denn die wird's noch geben, wenn's euch schon längst nimmer gibt. Er sollte recht behalten.

Damit das Fuhrgeschäft einigermaßen weiterexistieren konnte, teilte man der Familie im Jahr 1943 einen Volksdeutschen als Aushilfskutscher zu, einen alten Mann, für den man im Krieg keine Verwendung mehr hatte und der blieb, bis Vater Burger 1945 wohlbehalten zurückkam.

Als Erstes schaffte der sich zwei neue Pferde an, und der Wastl stieg im Alter von vierzehn Jahren voll in den väterlichen Betrieb ein. Ein paar Jahre später, als es plötzlich steil aufwärtsging mit der Wirtschaft, blühte auch das Fuhrgeschäft in unserem Sprengel mächtig auf. Besonders der wachsende Tourismus tat das Seine und brachte dem Unternehmen ganz schöne Sümmchen ein. Damit alles reibungslos ablief und keine unnötigen Konkurrenzkämpfe unter den Fiakern entstanden, handelten die untereinander aus, wer wann wo Dienst hatte. Beispielsweise mussten zu jeder Tages- und Nachtzeit zwei Fiaker am Bahnhof bereitstehen, ein Zwei- und ein Einspänner.

So weit zur Vergangenheit. Nun sollte also die nächste Fiakergeneration geboren werden, und der Wastl betonte unablässig, wie dringlich es sei, dass ein Sohn zur Welt kam. Als hätte ich darauf irgendeinen Einfluss! Unter Reden und Erzählen langten wir an seinem Haus an, das von einer großen Wiese umgeben war, auf der zwei Pferde friedlich grasten. »Aha, die haben heute ihren freien Tag«, stellte ich im Vorbeigehen fest. Aber ich hielt mich nicht länger mit der Betrachtung dieses hübschen Bildes auf, sondern eilte gleich an das Bett der werdenden Mutter, die mich schon voller Ungeduld erwartete. Die Wehen kamen bereits im Abstand von zehn Minuten.

»Marika, das ist die Nanni«, stellte mich ihr Mann vor, während ich mich gleich an die üblichen Untersuchungen machte. Ich beruhigte sie: »Es ist alles in Ordnung. Aller Voraussicht nach werden wir eine ganz normale Entbindung haben.«

»Und – wird's ein Bub?«, wollte sie wissen.

»Aber geh, Marika, das lässt sich doch weder durch Abtasten noch durch Abhorchen feststellen. Da musst schon abwarten, bis das Spatzerl da ist.«

Die Enttäuschung stand ihr ins Gesicht geschrieben. »Ja, weißt«, erklärte sie mir dann, »der Wastl wünscht sich halt so sehr einen Buben. Fürs Fiakergeschäft braucht er den, damit der es von ihm übernehmen kann, so wie er es von seinem Vater hat.«

»Ich weiß, dein Mann hat mich während der Herfahrt ausführlich darüber aufgeklärt.«

»Ach so, dann weißt ja, was für uns auf dem Spiel steht.«

Über diese Formulierung musste ich lächeln. »Verstehen kann ich euch schon«, räumte ich ein. »Aber ich hab's nicht in der Hand, das Geschlecht des Kindes zu bestimmen. Zudem ist es fraglich, ob der Sohn – falls es einer wird – wirklich später das Geschäft weiterführen kann. Bis dahin wird's immer mehr Autos geben. Da will sich bald keiner mehr mit dem Fiaker befördern lassen.«

»Da magst recht haben«, stimmte sie mit bekümmertem Gesicht zu. »Aber Güter müssen doch nach wie vor transportiert werden, selbst in die entferntesten Winkel, wo nie eine Bahn hinkommen wird.«

Eine Bahn nicht, dachte ich, aber Lastwagen. Die würden bald Einzug halten, zumal man bereits damit begonnen hatte, sogar kleine Gebirgsstraßen auszubauen und zu asphaltieren.

Diese Meinung behielt ich jedoch für mich. Eine werdende Mutter sollte man nicht zusätzlich deprimieren. Für die Entbindung war es besser, wenn die Schwangere guter Stimmung war. Schnell wechselte ich also das Thema: »Dann wollen wir mal schauen, ob am Ende ein kleiner Fiaker herauskommt. Gönnen würd ich's euch.«

Auf dieses Thema fuhr sie gleich ab: »Schau, ich hab schon alles für ihn vorbereitet.« Voller Stolz deutete sie in die Ecke mit der Wickelkommode. »Da, die Wiege ist blau ausgeschlagen, und blaue Jackerl hab ich auch zurechtgelegt.«

Wirklich, einen so sorgfältig vorbereiteten Wickeltisch hatte ich bisher in meinem Sprengel noch nicht zu sehen bekommen. Nichts fehlte, was man für die Ankunft eines neuen Erdenbürgers brauchte: Eine weiche Wickeltischauflage war da, Windeln, Handtücher, eine Badewanne, sogar Babycreme und Puder.

»Du hast ja an alles gedacht«, lobte ich sie.

Wieder hatte sie eine Wehe und stöhnte lautstark, um anschließend zu fragen: »Ist's nicht bald so weit?«

»Leider nein, so schnell wird's noch nichts mit uns.«

»Aber es tut schon arg weh.«

»Das ist ganz normal. Beim ersten Kind dauert's halt sehr lange, bis sich der Muttermund weit genug geöffnet hat.«

In aller Ruhe machte ich die hygienischen Vorbereitungen, die sie verwundert über sich ergehen ließ. Danach blieben noch genügend Wehenpausen, die ich für ein Schwätzchen nutzte, um sie abzulenken. »Sag mal«, fing ich an, »von hier bist nicht, oder? Dein Vorname klingt für diese Gegend recht fremd und deine Sprache ebenso.«

Sie lächelte. »Hast recht, ich stamm aus dem Burgenland, hart an der Grenze zu Ungarn. Dort färbt nicht nur die Sprache ab, da übernimmt man auch ungarische Namen.«

»Und was hat dich in unser Tal verschlagen?«, wollte ich wissen.

»Im Blauen Adler haben sie eine Bedienung gesucht. Da hab ich mich beworben. Eine Saison wollt ich nur bleiben. Aber schon bald ist mir der Wastl über den Weg gelaufen, als er sich nach einem anstrengenden Arbeitstag ein Bier genehmigte. Als ich es ihm brachte, hat's gleich bei uns gefunkt. Wie bei Amor mit seinen Pfeilen.«

»Schön hast das gesagt.«

Nun erzählte ich ihr ein bisschen aus meinem Leben und von meinen Kindern, und so brachten wir die Eröffnungsphase ganz gut herum. Dann aber wurde es ernst. Der Wastl, der inzwischen hereingekommen war, wich seiner Frau nicht mehr von der Seite und war mir eine große Hilfe. Alle drei atmeten wir, hechelten und pressten. Ein bisschen Dammschutz – und schon war er da, der Nachwuchs vom Fiaker. Aber es war kein Bub, sondern ein hübsches Mädchen mit schwarzen Haaren.

»Euer Töchterchen ist genauso hübsch wie die Mama«, sagte ich betont fröhlich, weil ich bei den jungen Eltern lange Gesichter erblickte.

»Hast recht«, pflichtete mir der Wastl nach kurzem Zögern bei. »Ich hab noch nie ein schöneres Baby gesehen.«

»Aber es ist kein Bub«, lamentierte die frischgebackene Mutter. Bei ihr zeichnete sich die Enttäuschung wesentlich stärker ab als bei dem jungen Vater. Als ihr sogar Tränen in die Augen traten, legte er tröstend einen Arm um ihre Schultern und sagte: »Aber geh, Marika, deshalb brauchst doch net weinen. Schau, bei meinem Vater sind auch erst zwei Dirndln gekommen, und hernach kam erst ich.«

Halbwegs getröstet schmiegte sie sich in seine starken Arme, während ein zaghaftes Lächeln auf ihrem Gesicht erschien. »Ja, wenn du's so siehst, Wastl, dann bin ich auch zufrieden. Ich hab halt befürchtet, du könntest mir bös sein.«

»Aber wie könnt ich denn, Marika? Selbst wennst noch fünf Dirndln kriegen tätest, wär ich dir nicht bös, solang sie alle so hübsch sind wie du.«

Es wurden jedoch keine fünf Dirndln im Fiakerhaus. Knapp zwei Jahre später, es war Ende Februar, und es herrschte klirrender Frost, da holte mich der Burger erneut ab, diesmal mit seinem Schlitten. Auf der festgefahrenen Schneedecke sauste er dahin, dass die Glöckchen nur so klangen. Es wurde auch höchste Zeit – nichts mehr war mit langen Schwätzchen. Ich musste bei der Marika sofort zur Sache kommen, denn schon bald drängte er ans Licht der Welt, der stämmige Bub. Jetzt leuchtete seinen Eltern das Glück nur so aus den Augen.

»Jetzt hab ich mein Geld wohl bei euch verdient«, bemerkte ich leichthin, als das Kind gut versorgt in seinem himmelblau ausgeschlagenen Körbchen lag. »In Zukunft werdet ihr meine Dienste nicht mehr benötigen.«

»Sag das net«, lächelte die Wöchnerin.

»Schaun wir mal«, schmunzelte der Wastl.

Gut zwei Jahre später stand er abermals vor meinem Haus, der Fiaker, um mich zu seiner Frau zu bringen. Obwohl es schon das dritte Kind war, tat sich die Marika diesmal schwer, denn das Baby hatte einen ausgesprochenen »Dickkopf«, sodass ich einen Dammschnitt machen und den Sprengelarzt kommen lassen musste. Wie aus dem Kopfumfang bereits zu schließen, war es wieder ein Bub – die Fiakertradition der Burgers konnte also fortgeführt werden.

Einige Jahre später verlief die Entwicklung tatsächlich so, wie ich es vorausgesehen hatte. Nach und nach verdrängten Lastwagen die Pferdefuhrwerke und die Taxis die Kutschen. Wer beizeiten diesen Trend erkannte, schaffte sich LKWs oder Taxis an, während weniger flexible Fuhrunternehmer untergingen. Der Burger Wastl jedoch, der ohne seine Pferde nicht leben konnte, und ein paar andere hatten eine ganz clevere Idee. Sie boten fortan Vergnügungsfahrten mit dem Fiaker an, was sich angesichts der immer zahlreicher in unsere Dörfer strömenden Touristen zu einem guten Geschäft entwickelte, zumal unser Tal mittlerweile auch ein gefragtes Wintererholungs- und Skigebiet war. Im Sommer genossen die Urlauber romantische Kutschfahrten durch grüne Wälder und Wiesen und im Winter das Dahingleiten mit dem Pferdeschlitten durch die tief verschneite Landschaft, begleitet vom lieblichen Geläute der vielen Glöckchen.

Somit konnte die Zukunft der beiden Burgerbuben, die gleich nach der Schule ins väterliche Unternehmen einstiegen, als gesichert betrachtet werden. Und sobald sie alt genug waren, lenkte ein jeder seinen eigenen Fiaker. Ich freute mich immer, wenn sie freundlich grüßend mit ihren Gespannen an mir vorüberfuhren oder -glitten. Was aber war aus der hübschen Tochter geworden, bei deren Eintritt in die Welt die Eltern zunächst keine Begeisterung aufgebracht hatten? Bald schon hatten sie ihre kleine Enttäuschung vergessen und Beate wurde ihr Ein und Alles. Das blieb sie auch trotz der beiden jüngeren Brüder, und sie entwickelte sich zu einem bezaubernden Mädchen, einem richtigen Sonnenschein, und später zu einer attraktiven jungen Frau. Darüber hinaus war sie die Seele der Familie, pflegte die schwerkranke Mutter aufopferungsvoll und kümmerte sich nach deren frühem Tod ganz selbstverständlich um den Vater und die Brüder. An ihr eigenes Glück zu denken, dazu schien sie keine Zeit zu haben, obwohl es ihr an Verehrern nicht mangelte.

Eines Tages aber verlor sie ihr Herz an den gut aussehenden Daniel, der einige Jahre in unserem Sprengel den Rettungswagen gefahren hatte. Dem machte es nichts aus, dass seine Allerliebste außer ihm noch drei weitere Mannsbilder versorgen musste. Und wie es der Zufall wollte, hieß er auch noch Burger, sodass die Beate ihren Familiennamen nicht mal zu ändern brauchte, als sie zum Traualtar schritt.

Mit dem Kinderkriegen ließen sich die beiden zunächst Zeit, wie das seit der Erfindung der Pille bei vielen jungen Paaren gang und gäbe war. Eines Tages aber meldete sich Nachwuchs an. War die Fiakertochter eines der ersten Babys gewesen, denen ich auf die Welt geholfen hatte, so sollte Beates Kind kurioserweise mein letztes sein. Dabei hatte ich meine Hebammenlaufbahn zu diesem Zeitpunkt längst beendet. Eigentlich!

Es war am frühen Nachmittag eines schönen Sommertages, als bei der jungen Frau die Wehen einsetzten. Von Nachbarinnen und Freundinnen hatte sie gehört, dass beim ersten Kind keine Eile geboten sei. Von der ersten Wehe bis zum ersten Schrei könne sich das über einen Zeitraum von mehr als vierundzwanzig Stunden hinziehen. Deshalb sah die Beate keine Notwendigkeit, ihre Gartenarbeit abzubrechen. Außerdem war sie eine Frau mit Prinzipien: Eine einmal begonnene Arbeit musste beendet werden, koste es, was es wolle. Obwohl gegen Abend die Wehen stärker wurden und dichter aufeinanderfolgten, stellte sie sich an den Herd und kochte in aller Seelenruhe das Abendessen für ihren Vier-Männer-Haushalt. Anschließend erledigte sie den Abwasch und fügte auf der Haustürschwelle ein Schwätzchen mit der Nachbarin an, die zufällig herübergekommen war. Die gab ihr noch einige gute Tipps, da sie als Mutter von zwei Kindern bestens Bescheid wusste, und empfahl ihr, als sie mitbekam, dass sich die Wehen häuften: »So allmählich solltest dich doch ins Spital begeben.« Wie viele junge Frauen hatte die Beate sich entschieden, ihr Kind nicht zu Hause, sondern im Krankenhaus zu bekommen.

»Ja, wennst meinst, dann geh ich jetzt zum Duschen.«

Das mit dem Duschen klappte noch ganz gut, doch beim Ankleiden wurde es langsam brenzlig. Die Schwangere schlüpfte gerade mit einem Arm in den Pullover, als eine heftige Wehe sie an jeder weiteren Aktivität hinderte. Sie stürzte ins Wohnzimmer, wo ihre vier Männer vor dem Fernseher saßen. »Daniel, du musst mich sofort ins Krankenhaus bringen.«

»Das kann ich doch mit dem Fiaker machen«, erbot sich der Vater.

»Mit den Pferden brauchen wir viel zu lang«, lehnte die Tochter ab. Der Daniel schnappte sich das Köfferchen, das schon seit Wochen gepackt im Hausgang stand, und eilte nach draußen zum Auto. Als die Beate, sich vor Schmerzen den Bauch haltend, an der Tür erschien, gefolgt von dem besorgten Vater, stieg der Daniel schon wieder aus. »Das Biest springt nicht an.«

»Also müssen wir doch den Fiaker nehmen«, witterte der Vater seine Chance.

»Unsinn! Damit schaffen wir es nicht mehr. Ich muss die Rettung verständigen.« Der Daniel zwängte sich an Frau und Schwiegervater vorbei ins Haus und stürzte zum Telefon. Er wählte die Nummer, die er auswendig zu wissen glaubte. Falsch verbunden! Er probierte es ein zweites Mal. Wieder falsch. »Verflixt und zugenäht!«, fluchte er. »Das gibt's doch net! Jetzt war ich jahrelang bei der Rettung und bring die Nummer nimmer zusammen.« Beim dritten Versuch endlich klappte es. Die Sanitäter waren zum Glück ganz schnell da und verfrachteten die Schwangere, die noch immer nur halb in ihrem Pullover hing, auf die Liege. Der Ehemann setzte sich daneben, dann rasten sie mit Blaulicht los.

»Mir ist die Sache zu riskant«, sagte Peppi, einer von den Fahrern. »Ich fürcht halt, dass wir's nimmer bis zum Spital schaffen. Zur Sicherheit sollten wir die Nanni mitnehmen.« Von keiner Seite erhob sich Widerspruch.

Ich schaute zwar recht dumm, als der Sanka vor meinem Haus hielt, wusste aber gleich, was die Glocke geschlagen hatte. Ein Griff und ich hielt meine Hebammentasche, die immer noch einsatzbereit im Hausgang stand, in der Hand. Schon war ich am Rettungswagen. Es sah wirklich nicht gut aus mit der Gebärenden. »Den Pullover kannst gleich ausziehen«, sagte ich, »bei der Entbindung brauchst den nicht.«

Während ich die Beate aus dem Pullover schälte, fuhr der Sanka mit Blaulicht und erhöhter Geschwindigkeit davon. Kaum hatten wir die Hälfte der Strecke hinter uns, stöhnte die Beate auf, und ihre Atmung veränderte sich, was sogar dem Ehemann auffiel. »Halt durch, halt durch«, beschwor er sie. Aber da half auch kein gutes Zureden mehr. Die junge Frau hatte eindeutig Presswehen, und wenn ein Kind unbedingt nach draußen will, dann gibt es kein Halten mehr. »Rechts ran! Rechts ran!«, rief ich den Männern in der Fahrerkabine zu.

Der Motor war noch nicht völlig zum Stillstand gekommen, da hielt ich ihn schon in der Hand, den neuen Stammhalter der Burgers, der zu unser aller Erleichterung gleich kräftig losschrie. »Da wird sich der Vater aber freuen«, war Beates erster Kommentar. »Denn wenn sich meine Brüder nicht bald mit Nachwuchs Geschick machen, wird er sich bestimmt unseren kleinen Wastl zum Fiaker heranziehen.«

Fannys denkwürdige Entbindungen

Die Egger Fanny war als lediges Kind einer Bauernmagd zur Welt gekommen und hatte ein richtiges Familienleben nie kennengelernt. Die ersten zehn Lebensjahre verbrachte sie bei der alleinstehenden Großmutter, doch als diese plötzlich starb, war guter Rat teuer. Da die Mutter zu dieser Zeit unauffindbar war – vom Vater fehlte ohnehin jede Spur –, fiel dem Bürgermeister des Ortes die unangenehme Aufgabe zu, nach einem Pflegeplatz für das Mädchen zu suchen. Er wurde überraschend schnell fündig, denn der angesehene Bauer Waldhuber erklärte sich bereit, die Kleine aufzunehmen. Zunächst wurde das schmächtige Kind gründlich aufgepäppelt, vermutlich vor allem deshalb, um ihm anschließend ein anständiges Pensum an Arbeit aufbürden zu können. Da nämlich niemand Kostgeld zahlte, musste die Fanny eben für ihr tägliches Brot arbeiten. So erging es damals vielen unerwünschten Kindern.

Nach ihrer Schulentlassung blieb sie als Magd auf dem Waldhuberhof, wo sie sich nun vor allem um den prächtigen Viehbestand zu kümmern hatte. Das bedeutete in der kalten Jahreszeit hauptsächlich Stallarbeit, während sie im Sommer für einige Monate mit einer erfahrenen Sennerin auf die Alm zog. Als sie siebzehn wurde, traute man ihr zu, diese Aufgabe allein zu bewältigen – eine ganz schöne Verantwortung für eine

Jungmagd, denn es waren nicht weniger als sechzehn Milchkühe, die sie im Juni auf die Hochweiden führen musste, dazu die Jungtiere und die Kälber.

Steil ging es hinauf, und man brauchte mit der Herde über drei Stunden, bis man den Bergkamm erreichte, zumal die Viecher ja nicht zügig gingen, wie man sich das gewünscht hätte, sondern immer wieder stehen blieben, um in aller Ruhe zu fressen. Besonders die Jungtiere waren anstrengend, weil ständig eines nach rechts oder links ausbrach. War endlich der Anstieg geschafft, hieß es, auf der anderen Seite des Kammes noch einmal anderthalb Stunden abzusteigen. Dann endlich war die Alm mit dem saftigen Gras und den würzigen Kräutern erreicht, wo man den Sommer verbringen würde.

Es war jedes Jahr das Gleiche: Die ersten Wochen musste die Fanny mit der Arbeit allein zurechtkommen, doch sobald die Schulferien begannen, schickte ihr der Bauer einen zwölfjährigen Buben als Hütehelfer herauf. Das bedeutete eine immense Erleichterung, vor allem weil der Junge die Aufgabe übernahm, allwöchentlich ins Tal zu wandern, um an Nahrungsmitteln hinaufzuschaffen, was oben fehlte. Milch, Butter und Käse hatte man im Überfluss, aber Brot, Kartoffeln und Gemüse waren aus dem Dorf zu holen. Einen Luxus wie Obst gab ihnen der Bauer freilich nicht mit und Wurst oder Fleisch waren ausgesprochene Raritäten.

In dem Sommer, als die Fanny zwanzig Jahre alt war, fiel ihr der Aufstieg wesentlich schwerer als sonst, was an ihrer fortgeschrittenen Schwangerschaft lag. Außer ihr wusste das allerdings niemand, denn sie hatte ihren Zustand vor den Bauersleuten geschickt verborgen, weil sie um ihren Arbeitsplatz fürchtete. Da sie ohnehin nicht gerade zu den schlanken Personen gehörte, fiel ihr wachsender Umfang nicht weiter auf, oder niemand dachte sich etwas dabei. Außerdem trug sie weite, wallende Röcke, die alles kaschierten.

Mühsam hatte sie sich also mit ihren Tieren nach oben gekämpft und erledigte tapfer ihre Arbeiten, was ihr aber von Tag zu Tag schwerer fiel. Deshalb sehnte sie den Tag herbei, an dem der Hütebub auftauchen würde. Endlich kam der Loisl, ein braver, fleißiger Junge, der ihr das Leben spürbar erleichterte. Da sie weder bei einem Arzt noch bei einer Hebamme gewesen war, hatte sie keine Ahnung, wann es so weit sein könnte, und schon gar nicht, wie eine Entbindung ablaufen würde. Jedoch von frühester Jugend an mit Kühen und folglich auch der Geburt von Kälbern vertraut, dachte sie, bei einem Menschen werde das schon ähnlich problemlos verlaufen.

So kam es, dass sie keinerlei Vorkehrungen getroffen hatte, als es bei ihr in den frühen Morgenstunden eines heißen Augusttages losging. Beim Melken verspürte sie ein leichtes Ziehen im Unterleib, das sie bisher nicht gekannt hatte. Unbedarft, wie sie war, brachte sie diese Anzeichen jedoch nicht mit dem zu erwartenden Kind in Verbindung, und so molk sie in aller Ruhe ihre Kühe fertig, die ihr der Loisl gegen sechs Uhr hereingetrieben hatte. Während sie gemeinsam mit dem Jungen die Milch durch die Zentrifuge gab, wiederholte sich das Ziehen und wurde zusehends stärker. Jetzt kam ihr allmählich der Verdacht, dass sich auf diese Weise die Geburt des Kindes ankündigte. Weil sie aber über das

Kinderkriegen nicht viel mehr wusste, als dass es sich beim ersten Mal meist sehr lange hinzog, begann sie noch mit der Käsebereitung.

Bald müssen ihr die Wehen allerdings so schlimm zugesetzt haben, dass sie den Hütebuben aufforderte: »Rühr du mal weiter, ich muss dringend ins Dorf.« Zusätzlich gab sie ihm einige Instruktionen, damit er wusste, was er in den nächsten Stunden zu tun hatte. Dann machte sie sich auf den Weg. Während des Aufstiegs zum Bergkamm kamen die Wehen heftiger und häufiger, wahrscheinlich bedingt durch das mühsame Gehen auf dem steilen Weg.

Wenn ich oben bin, wird's leichter gehen, redete sie sich selber Mut zu. Aber kaum dass sie den Bergrücken überschritten hatte, drängte das Kind unaufhaltsam ans Licht der Welt. So sehr die Fanny die Oberschenkel auch zusammenpresste, das Kind ließ sich nicht mehr aufhalten. In ihrer Not setzte sie sich unter einen Baum und ließ der Natur ihren Lauf. Sie, die schon so oft dabei gewesen war, wenn eine Kuh ein Junges bekam, erlebte hilflos und staunend die Geburt des eigenen Kindes. Zum Glück schrie es gleich aus Leibeskräften – ein gutes Zeichen, dass alles in Ordnung war.

Was machst jetzt, überlegte die frischgebackene Mutter. Wennst hinabsteigst ins Tal, dauert's mindestens zweieinhalb Stunden, zurück zur Hütte brauchst hingegen nur ein bisserl mehr als anderthalb. Also kehrte sie um.

Dass noch eine Nachgeburt ausstand, daran dachte das unerfahrene Mädchen überhaupt nicht. Die Fanny packte ihr Kind, das noch durch die Nabelschnur mit ihr verbunden war, in ihre Schürze und trat den Rückweg an. Als sich unterwegs die Nachgeburt löste, legte sie die ebenfalls in ihre Schürze. So langte sie etwa vier Stunden, nachdem sie aufgebrochen war, wieder bei ihrer Hütte an, schleppte sich zu ihrem Strohlager und ließ sich darauf nieder. Den Hütejungen aber ergriff Panik, als er die Fanny mit ihrer blutbesudelten Schürze sah und daraus das Schreien des unversorgten Kindes vernahm. So schnell ihn seine Beine tragen konnten, hastete er den Berg hinauf und auf der anderen Seite wieder hinunter. Nach nur drei Stunden hatte er den Weg ins Dorf geschafft. Atemlos kam er bei meiner Vorgängerin an und sprudelte hervor: »Rosa, komm schnell! Die Fanny hat ein Kind gekriegt. Alles ist voll Blut.«

»Hat das Kind geschrien?«, wollte sie wissen.

»Und wie!«

»Und wo ist die Fanny?«

»Auf der Wendlalm.«

»Großer Gott! Wie soll ich das schaffen? Das sind ja über vier Stunden bis da hinauf, und ich bin nimmer die Jüngste.« Dreiundsechzig Lenze zählte die Rosa zur damaligen Zeit.

»Das wirst schon schaffen«, versuchte der besorgte Bub ihr Mut zu machen, und wirklich keuchte sie alsbald mit ihrer schweren Tasche hinter dem Loisl den Berg hinauf, bis sich der erbarmte und ihr wenigstens die Tasche abnahm. Es war Abend, halbneun durch, als sie bei der Almhütte eintrafen, wo sie Mutter und Kind schlafend auf dem Strohsack vorfanden. Die Rosa nabelte den kleinen Jungen ab, legte die inzwischen halb vertrocknete Plazenta in eine Schüssel und begann damit, das mittlerweile durch die Sommerhitze verkrustete Blut von Mutter und Kind abzuwaschen. Erstaunt öffnete die junge Sennerin die Augen, als sie die Hebamme an sich hantieren spürte. »Was machst denn da?«, erkundigte sie sich.

»Ja, sauber mach ich dich. Das schaut ja schlimm aus.«

»Ich hab noch die ganzen Kühe melken müssen, bevor ich sie am Abend rauslassen hab«, erklärte sie der Rosa. »Der Loisl, der Mistbub, war ja verschwunden.«

»Mistbub ist der keiner. Wo du schon so unvernünftig warst, dein Kind hier in der Wildnis zur Welt zu bringen, war er wenigstens so gescheit, mich zu rufen. Du hättest doch den Buben nicht bis in alle Ewigkeit an der Nabelschnur hängen lassen können.«

»Da dank ich dir recht schön, Rosa, dass du den weiten Weg hierherauf gemacht hast«, sagte sie reumütig. »Leider hab ich's bis hinunter nimmer geschafft.«

»Du hast ein Sauglück gehabt, das sag ich dir. So weit ich feststellen konnte, ist bei dir alles in Ordnung und bei deinem Buben auch. Aber jetzt muss ich schlafen. Draußen wird's schon Nacht, und da trau ich mich nicht mehr abzusteigen. Gewiss hast ein bisserl Stroh für mich und ein Eckerl zum Hinlegen. Dann schau ich morgen in der Früh gleich nach, ob bei dir und dem Kind wirklich alles in Ordnung ist. Außerdem musst den Kleinen anlegen, damit das Milchgeschäft in Gang kommt. Denn Kuhmilch darfst dem Buben auf keinen Fall geben. Wie soll er denn heißen?«

»Heinz, nach seinem Vater.«

Die Rosa war erstaunt, dass die Sennerin so bereitwillig einen Vater präsentierte. Meist war es bei ledigen

Müttern eher der Fall, dass sie sich zierten, die Identität des Kindsvaters preiszugeben, entweder aus Scham oder um ihn zu schützen. Die Fanny aber erzählte freimütig, dass der Heinz der zweitgeborene Sohn des Schafflerbauern sei und auf dem väterlichen Hof noch als Knecht in Diensten stehe. Deshalb habe er bislang nicht ans Heiraten denken können, ihr aber versprochen, sich, sobald das Kind da sei, nach einer bezahlten Arbeit umzusehen.

Ehe sich die Rosa am nächsten Morgen von der Fanny verabschiedete, stellte sie klar: »Du rechnest doch nicht damit, dass ich jetzt jeden Tag hier heraufpilgere, um bei dir die Wochenpflege zu machen?«

»Nein, gewiss net«, antwortete die Fanny. »Dafür hätt ich gar keine Zeit. Ich muss mich ja um meine Viecher kümmern.«

Es sollte noch über zwei Jahre dauern, bis die Fanny und ihr Heinz Hochzeit feiern konnten. Da hatte er nämlich endlich eine Stelle als Gemeindearbeiter bekommen, einschließlich einer kleinen Dienstwohnung.

In schöner Regelmäßigkeit musste die Rosa anschließend in dem bescheidenen Häuschen erscheinen, um der Fanny beizustehen. Denn eines hatte sich diese geschworen: Sie wollte niemals wieder ohne Beistand einer Hebamme und schon gar nicht mehr in freier Natur entbinden. Trotz Armut und Arbeit von früh bis spät schien sie recht glücklich und zufrieden mit ihrem Leben.

Doch das jüngste Kind war erst wenige Wochen alt, als ein Unglück über die Familie hereinbrach. Der Familienvater erkrankte schwer – Lungenkrebs, wie der Arzt feststellte. Zugegeben, der Heinz hatte geraucht, aber schließlich nicht mehr als andere, die von dieser Krankheit verschont blieben. So aufopferungsvoll die Fanny ihn auch pflegte, so inbrünstig sie für seine Heilung betete, es ging ihm von Tag zu Tag schlechter. Noch nicht vierzig Jahre alt, schloss er die Augen für immer. Nun stand die junge Witwe da mit ihren sechs Kindern, das jüngste davon gerade mal zwei Jahre alt. Die anderen waren vier, sieben, zehn, zwölf und fünfzehn.

Gewiss war es für sie schlimm, den Mann verloren zu haben, den sie liebte. Ebenso schlimm war es für die Kinder, dass der Vater, an dem sie zärtlich hingen, so früh wegstarb. Noch schlimmer aber war es für die Familie, dass plötzlich der Ernährer fehlte und sie zu allem Überfluss aus dem Haus binnen vier Wochen hinausmussten.

Im Dorf sprach sich schnell herum, in welcher Notlage sich die Fanny befand, und es zeigte sich, dass es noch hilfsbereite Menschen gab. Ein wohlhabender Bauer mit einem stattlichen Anwesen auf halber Berghöhe, von dem aus er stolz auf das Dorf hinabblicken konnte, besaß zudem im Tal ein Zulehen, das dicht an einem damals noch ungebändigten Wildbach lag. Es bestand aus einem kleinen Wohnhaus nebst Scheune und Stall, in dem der Bauer Vieh stehen hatte. Er war froh, in der Fanny eine zuverlässige Person zu finden, die ihm diesen Besitz verwaltete. Dafür durfte sie mietfrei in dem Häuschen wohnen und sich von den Erzeugnissen aus der Landwirtschaft so viel nehmen, wie sie für ihre Familie brauchte. Zusätzlich bekam sie eine geringe Summe Bargeld.

Aber weder diese Einnahmen noch der Platz in dem kleinen Haus reichten aus für eine siebenköpfige Familie. Deshalb entschloss sich die Fanny schweren Herzens, die drei älteren Kinder wegzugeben. Da sie nett und umgänglich waren und von ihrer Mutter schon früh gelernt hatten, mit anzupacken, fanden sich schnell drei Bauernfamilien, die sie gegen Mithilfe in Haus und Hof ohne Kostgeld aufnahmen. Die Mutter blieb mit den drei Jüngsten zurück, und ihr Einkommen reichte für ein anspruchsloses Leben gerade aus.

Etwa drei Jahre später zog ich in den Sprengel, denn die Rosa war inzwischen im Alter von achtzig Jahren verstorben. Eines Nachmittags nun erschien ein schmächtiges, blasses Mädchen an meiner Tür, das zu meiner Verwunderung rote Gummistiefel trug, obwohl wir Anfang Mai und schönes Wetter hatten, bei dem die Kinder üblicherweise barfuß liefen. Atemlos, als sei es eine längere Wegstrecke gerannt, keuchte das Kind: »Du sollst sofort zu meiner Mutter kommen. Es pressiert, hat sie gesagt.«

Nähere Fragen mochte ich nicht stellen, denn so unaufgeklärt, wie die Kinder zur damaligen Zeit waren, hatte die Kleine vermutlich keine Ahnung, worum es ging. Immerhin erlaubte mir ihre Existenz den Rückschluss, dass es sich bei der Mutter nicht um eine Erstgebärende handelte und somit Eile angesagt war. Als ich nach meiner Tasche griff und mit dem Mädchen losmarschieren wollte, fragte es mit einem Blick auf meine Schuhe: »Hast keine Gummistiefel?«

»Doch, schon«, gab ich verwundert zurück.

»Die solltest besser anziehen. Bei uns ist nämlich Hochwasser.«

»Ja, wo wohnst denn du?«

»Da, wo der Wildbach die große Kurve macht.«

»Aha«, äußerte ich nur und befolgte ihren Rat. Ich konnte mir nämlich lebhaft vorstellen, dass das Haus um diese Jahreszeit aufgrund der starken Schneeschmelze ringsum von Wasser eingeschlossen war. Schweigend folgte ich dem Kind, das zügig voranging, sich aber immer wieder ängstlich umschaute, ob ich noch da war. Wie gut, dass ich meine kniehohen Stiefel angezogen hatte, denn beim Waten schwappte mir das Wasser bis knapp unter den Stiefelrand. Vollends überrascht war ich jedoch, als ich den Hausgang betrat – dort stand das Wasser fast ebenso hoch wie draußen.

»Mama«, rief das Mädchen, »die Hebamme ist da!«

»Komm nur rein«, vernahm ich eine weibliche Stimme aus einer Tür zu meiner Rechten.

Mein Gott, dachte ich, die Frau wird doch nicht in diesem Raum entbinden wollen! Denn es bedurfte keiner großen Fantasie, um sich vorzustellen, dass im Erdgeschoss das Wasser überall gleich hoch stand. Ich stieß die Tür auf. Nein, das ist der falsche Ausdruck. Aufstoßen ließ sie sich nicht, sondern nur vorsichtig aufschieben, weil ja eine ordentliche Menge Wasser zu verdrängen war. Was erblickten da meine Augen? Eine Hochschwangere, die gerade dabei war, im Herd Holz nachzulegen, das sie von der Ofenbank nahm.

»Grüß dich, ich bin die Nanni«, rief ich über die Flut hinweg in der Hoffnung, dass sie sich nun ihrerseits vorstellen würde.

»Ja, Moment, ich komm gleich«, entgegnete sie, ohne den Blick von ihrer Ofentür zu wenden. Deshalb wagte ich einen erneuten Anlauf: »Und wer bist du?«

»Ich bin die Fanny«, kam die Antwort.

»Ich dachte, bei dir pressiert's, Fanny«, äußerte ich leicht vorwurfsvoll. »Und jetzt hast Zeit, den Feuerteufel zu spielen.«

»Ja, grad weil's pressiert, muss ich tüchtig nachlegen, damit du heißes Wasser hast, wenn's losgeht.«

In der Tat standen ein Kessel und ein großer Topf auf dem Herd. »Au, au!«, schrie die Schwangere auf einmal und fasste sich an den Bauch. »Ich glaub, es geht los. Komm mit in den ersten Stock, da ist's trocken. Jetzt weißt ja, wo du Wasser findest.«

Während ihrer Worte hatte sie sich, den Bauch haltend, auf mich zu bewegt. Wir schafften es gerade noch bis in die Schlafkammer, wo sie sich sogleich auf ihr Bett fallen ließ. Ich zerrte ihr die Stiefel von den Füßen, goss mir ein wenig Alkohol über die Hände, und schon konnte ich das Kind auffangen. Die Nachgeburt ließ ebenfalls nicht lange auf sich warten und sah so perfekt aus, dass ich mir um die Mutter keine Sorgen machen musste.

Ich eilte ins Erdgeschoss, platschte zum Herd, nahm den Kessel mit heißem Wasser und einen Eimer mit kaltem dazu. Auf dem Weg zurück nach oben kam mir wieder das kleine Mädchen in den Sinn. Seit unserer Ankunft im Haus hatte ich es nicht mehr gesehen.

»Wie heißt das Dirndl, das mich abgeholt hat, und wohin ist es so plötzlich verschwunden?«

»Das war die Lisa. Sie ist im Kinderzimmer und passt auf die beiden Kleinen auf.«

»Aha, ich hab mir schon gedacht, dass du mehrere Kinder hast, weil es mit der Entbindung gar so schnell ging.«

»Ja, ich bin halt eine Schnelle«, bestätigte sie lachend. »Selbst mein erstes Kind kam so rasch, dass ich es bis zur Hebamme nicht mehr geschafft hab«, sagte sie und erzählte mir anschließend die ganze Geschichte. Auch vom Tod ihres Mannes erfuhr ich in aller Ausführlichkeit. Als sie erwähnte, dass er bereits vor drei Jahren gestorben sei, muss ich sie fragend angeschaut haben, denn sie fühlte sich zu einer Erklärung veranlasst. »Da wunderst dich, wie ich ohne Ehemann an ein Kind gekommen bin? Das will ich dir verraten, aber schreib's nicht in die Akten. Er ist nämlich verheiratet, und ich will nicht, dass er Schwierigkeiten kriegt.«

Sie nannte mir zwar den Namen eines wohlhabenden, angesehenen Bauern, dessen Ehe kinderlos geblieben war, doch es blieb dabei, dass ich auf Fannys Wunsch vermerkte: Vater unbekannt. Offen lassen musste ich vorerst ebenfalls die Zeile »Name des Kindes«. Darüber müsse sie sich erst Gedanken machen, argumentierte die ansonsten so routinierte Mutter.

Als ich am dritten Tag der Wochenpflege nachmittags bei der Fanny erschien – der Zugang zum Haus und das Erdgeschoss waren mittlerweile ohne Gummistiefel zu passieren –, staunte ich nicht schlecht. Da saß just die Ehefrau des Kindsvaters am Wochenbett! Damit nicht genug! Sie hielt das Neugeborene im Arm und wiegte es zärtlich hin und her. Ein Blick in die Gesichter der beiden Frauen ließ mich vermuten, dass es ganz friedlich zwischen den beiden zuging. Es sah keineswegs so aus, als sei die eine gekommen, um der anderen die Augen auszukratzen. Na, wenn die dahinterkommt, wem sie da in aller Freundschaft einen Wochenbettbesuch abgestattet und welches Kind sie da liebevoll auf ihrem Schoß gewiegt hat, dann wird es rauschen im Karton, dachte ich mir und war angesichts der heiklen Situation bestrebt, meine Arbeit so schnell und so diskret wie möglich zu erledigen.

Ich griff also nach dem Kind, um die Windeln zu wechseln und mir seinen Nabel anzuschauen. Da hörte ich hinter mir die Fanny sagen: »Nanni, zeig der Loni, wie man den Kleinen wickelt, und lass es sie selbst mal probieren.«

Ich konnte es nicht fassen und verstand gar nichts mehr. Auch nicht, als die Fanny hinzufügte: »Damit sie's kann, wenn sie den Buben zu sich nimmt.« Ich muss dermaßen verdutzt aus der Wäsche geschaut haben, dass beide Frauen in ein amüsiertes Gelächter ausbrachen, bevor die Fanny erneut das Wort ergriff: »Sobald ich den Kleinen abgestillt hab, nimmt ihn die Loni zu sich.« Diesmal blieb mir vor Staunen der Mund offen stehen.

Nun war es die Bäuerin, die eine Erklärung abgab: »Wir haben lang genug unter unserer Kinderlosigkeit gelitten. Einer hat dem anderen die Schuld daran gegeben. Zum Arzt hat man sich ja nicht getraut, um das abklären zu lassen. Gebracht hätt's ja eh nichts. Deshalb haben wir uns seit einiger Zeit mit dem Gedanken getragen, ein Kind zu adoptieren. Weil's doch jammerschad wär, wenn unser schöner Hof dereinst unter irgendwelchen lachenden Erben verteilt werden müsste.«

»Da hast recht«, pflichtete ich ihr bei in der Annahme, dass sie Fannys Sohn adoptieren wolle, aber von dessen Vater nichts wisse. Aber dann überraschten mich die beiden Frauen ein weiteres Mal.

»Eh du's von anderer Seite erfährst«, kicherte die Fanny, »der Edmund war vor zwei Tagen hier und hat sich seinen Sohn angeschaut.«

Noch bevor ich meiner Überraschung Ausdruck verleihen konnte, ergänzte die andere: »Ja, dann kam er heim und hat mir zerknirscht seinen Fehltritt gebeichtet.«

»Und wie hast du darauf reagiert?«, wollte ich wissen.

»Ganz anders, als er erwartete. Ich hab nicht geschrien und herumgetobt, ich bin ganz ruhig geblieben, weil ich Zeit zum Nachdenken brauchte. Natürlich hat's mich gekränkt, dass er fremdgegangen ist, doch die Sache hat schließlich auch eine positive Seite. ›Gut‹, hab ich also gesagt. ›Das hast nun bewiesen, dass du nicht schuld bist an unserer Kinderlosigkeit. Und wo nun schon mal das Kind da ist, dazu ein Bub, will ich mit der Fanny reden. Sie hat schließlich genug Kinder und sehr wenig Platz in ihrem Häuschen. Vielleicht ist sie ja bereit, uns den Buben zu überlassen.‹ Da hat der Edmund vor lauter Freud einen Luftsprung gemacht, mich in der Stube herumgewirbelt und gesagt, er hätt die beste Frau von der Welt. Und er hat mir versprochen, nie wieder was mit einer anderen anzufangen. Ja, und wie du siehst, bin ich mit der Fanny schon handelseinig.«

»Jetzt muss ich mich erst mal setzen«, war meine Reaktion auf diese Neuigkeit. »Und einen Schnaps könnt ich auch vertragen.«

»Wennst unten in der Stube schaust, in dem kleinen Wandschrank, da steht eine Flasche. Und bring drei Gläser mit!«

Zu wem die Fanny das gesagt hatte, ließ sich nicht ermitteln, aber ehe ich mich von meinem Sitz erhoben hatte, war die Loni bereits auf dem Weg zur Tür. »Zwei Gläser langen auch«, rief ich ihr nach. »Die Fanny kriegt nichts, sonst hat euer Bub gleich einen Rausch.«

Folgsam brachte die Bäuerin wirklich nur zwei Gläser mit, und ich stieß mit ihr auf das Wohl der Fanny und ihres Buben an. Sonst trank ich niemals im Dienst, aber diese außergewöhnliche Situation schien mir eine Ausnahme zu rechtfertigen.

»Jetzt kannst auch den Namen von dem Buben eintragen«, ließ sich eine Stimme vom Bett her vernehmen. »Edmund soll er heißen, wie sein Vater. Und wo du geschrieben hast ›Vater unbekannt‹, da trägst jetzt bittschön ein ›Edmund Großlehner‹.«

Fragend schaute ich die Großlehnerin an, die zustimmend nickte. Dann nahm sie sich den kleinen Edmund und hielt ihn, Zustimmung heischend, in die Höhe: »Ist er nicht süß?«

Ich nickte, und schon schob sie eine weitere Frage nach: »Ist er nicht ganz der Papa?«

»Ja«, bestätigte ich auch dies, »er hat die gleichen eigenwilligen Falten über der Nasenwurzel und das gleiche energische Kinn. Und dass er seine kräftige Stimme hat, davon konnte ich mich gleich nach seiner Geburt überzeugen.«

»Weißt«, schaltete sich die Fanny wieder ein, als ob sie meine Gedanken erraten hätte, »es ist für mich nicht einfach, mich von meinem Kind zu trennen. Aber unter den gegebenen Umständen ist es doch das Beste, was ihm passieren kann. Ich hätt eh kaum Zeit für das arme Wurm bei all der Arbeit, damit ich mit den drei anderen Kindern über die Runden komm. Und dann ist hier wirklich kein Platz mehr für ein weiteres Bettstattl. Schau, von meinen drei Großen hab ich mich auch trennen müssen, und sie haben es, weiß Gott, nicht so gut angetroffen und bleiben wahrscheinlich ihr Leben lang bettelarm. Der Kleine dagegen wird im Haus seines Vaters aufwachsen und sogar dereinst dessen Erbe antreten. Außerdem bekommt er mit der Loni bestimmt eine ganz liebe, gute Mutter. Das seh ich schon daran, wie sie ihn auf den Arm nimmt. Und sie kann so viel Zeit für den Edi aufbringen, wie mir das nie und nimmer möglich wär.«

In der Tat verlebte der kleine Edmund eine ausgesprochen glückliche Kindheit, wozu sicherlich beitrug, dass seine Adoptiveltern ihn nicht von seiner leiblichen Mutter abschotteten. Er durfte sie besuchen, wann immer er wollte, und sie konnte zu ihm, sooft es ihre Zeit zuließ. Die Loni nannte er Mama, und die Fanny war für ihn Mutti. Später, als er den Hof seines Vaters längst übernommen hatte und ich am Wochenbett seiner Frau saß, nachdem sie ihm einen Stammhalter geschenkt hatte, vertraute er mir an: »Weißt Nanni, es gibt eine Menge Adoptivkinder, aber es gibt gewiss nicht viele, die eine so glückliche Kindheit hatten wie ich. Die meisten von denen kennen ihre leibliche Mutter gar nicht und sehnen sich nach ihr. Ich aber hatte wirklich zwei Mütter, die für mich da waren. Wer kann das schon von sich behaupten?«

Zwillinge hoch zwei

An einem Spätnachmittag Mitte November rief man mich telefonisch zu der Seemüller Kathi. Inzwischen passierte es immer seltener, dass ein aufgeregter werdender Vater an meine Tür klopfte. Seit mehr und mehr Haushalte in unseren Dörfern über ein Telefon verfügten, war manches einfacher geworden. Selbst wenn man keinen eigenen Anschluss hatte, konnte man von irgendwo in der Nachbarschaft anrufen.

Es lag bereits eine ansehnliche Schneedecke, und noch immer schneite es leicht. Daher verzichtete ich auf mein Moped – nach meinem alten Fahrrad auch dies eine Neuerung – und kämpfte mich mit meinem Köfferchen auf dem steilen, schmalen Fußgängersteig aufwärts. Im Hof des Seemülleranwesens angekommen, entdeckte ich das schneekettenbereifte Auto unseres Tierarztes. Der hatte es gut, dachte ich mit leichtem Neid. Der besaß bereits einen Wagen, während ich noch kräftig für einen sparen musste. Er war wohl erst kurz vor mir über die Fahrstraße angekommen, denn die Reifenspuren waren noch nicht zugeschneit. Schade, wenn ich das geahnt hätte, dass wir beide hierher mussten, dann wäre ich bei ihm mitgefahren. Im Stall gab es also offenbar Probleme, denn ohne schwerwiegenden Grund ließ man nicht den Tierarzt kommen. Vielleicht, spann ich meinen Gedanken weiter, beeilt sich die Seemüllerin – es war immerhin ihre vierte Entbindung –, und vielleicht hat der Viechdoktor lange genug zu tun, dann kann er mich nachher mit hinunter nach Kirchfeld nehmen. Unsinn, sagte ich im gleichen Augenblick zu mir selbst. Auch wenn es bei der Bäuerin mit der Geburt schnell gehen sollte, blieb anschließend meine dreistündige Wachzeit, und so lange würde der Tierarzt auf dem Hof bestimmt nicht zu tun haben.

Es war das erste Mal, dass ich die Kathi entbinden sollte, denn ihre anderen drei Kinder waren bei meiner Vorgängerin zur Welt gekommen. Vom Sehen kannte ich die Bäuerin allerdings schon lange. Sie war, um es höflich auszudrücken, eine starke Person – eine diskrete Umschreibung für eine ansehnliche Leibesfülle. Deshalb dachte ich mir zunächst nichts dabei, als ich ihren recht dicken Bauch sah. Vor lauter Fett war nicht viel zu ertasten, und genauso wenig ließen sich mit dem Stethoskop die kindlichen Herztöne ordentlich ausmachen. Immerhin ergab die Untersuchung, dass wir noch Zeit hatten.

Der Bauer, der mich an der Haustür in Empfang genommen und nach oben geschickt hatte, war gleich darauf im Kuhstall verschwunden. Die drei Kinder hatte man, wie ich von der werdenden Mutter erfuhr, rechtzeitig zum Hof der Großeltern gebracht, der weiter oben am Berg lag. Da also niemand da war zum Helfen, ging ich hinunter in die Küche, um für warmes Wasser zu sorgen. Ein Blick ins Herdschiff überzeugte mich davon, dass es gut gefüllt und sauber war. Das Feuer im Herd allerdings schien in den letzten Zügen zu liegen. Mich vor den Herd hockend, zog ich den Holzkasten hervor und wäre vor Schreck beinahe umgefallen, denn zum Vorschein kamen lauter große, dunkelbraune Käfer, die wieselflink in allen möglichen Ecken verschwanden. So etwas war mir noch nie begegnet! Zum Glück hatte ich damals keine Ahnung, dass es sich um Küchenschaben handelte.

Sobald ich mich von meinem Schrecken erholt hatte, heizte ich tüchtig ein und stieg wieder hinauf zu meiner Gebärenden. Da sie gute Fortschritte machte, musste ich bald erneut nach unten, um heißes und kaltes Wasser zu holen. Jetzt war ich gerüstet, wenn es losging, denn eine Waschschüssel sowie alles andere, was ich für das Kind brauchen würde, stand beziehungsweise lag schon bereit.

Nicht mehr lange, da setzten die Presswehen ein, und gegen halb zehn erblickte ein gesunder Bub das Licht der Welt, dem ich nur ein bisschen auf den Po klopfen musste, damit er schrie. Was wollte man mehr als Geburtshelferin?

Trotzdem war da etwas, das mir nicht gefiel. Das Kind hatte das bescheidene Gewicht von nur zweitausendachthundert Gramm, und das, obwohl es offensichtlich voll ausgetragen war. Da wird doch nicht noch eines sein? Dieser Gedanke durchzuckte mich wie ein Blitz, und erneut setzte ich mein Hörrohr an. Zweifellos, da waren weiterhin kindliche Herztöne, nicht sehr kräftig, aber sie waren da. Zwillingsgeburten gehören zu jenen Fällen, in denen es zwingend vorgeschrieben ist, einen Arzt hinzuziehen. Leider klappte das nicht immer, denn damals wusste man vorher meist nicht, ob eine Frau Zwillinge erwartete. Und war die Geburt bereits im Gang, blieb in der Regel keine Zeit mehr, den Arzt kommen zu lassen.

Es war also nicht das erste Mal, dass ich auf mich gestellt war, und normalerweise bekam ich eine Zwillingsgeburt auch ohne medizinischen Beistand ganz gut hin. Das zweite Kind der Kathi aber schien sich Zeit zu lassen. Als sogar die Wehentätigkeit aussetzte, schrie ich vom Hausgang aus nach dem Bauern und schickte ihn zum nächsten Telefon, damit er den Doktor rief. Dann gab ich der Kathi eine Spritze mit einem wehenfördernden Mittel.

Ich hatte alle Hände voll zu tun: den ersten Zwilling versorgen, den Bauch der Mutter abtasten, nach den Herztönen des zweiten Kindes horchen, die zum Glück stabil waren. Nur mit den Wehen wollte und wollte es nicht weitergehen. Auf meine diesbezüglichen Fragen antwortete die Kathi nur mit einem Kopfschütteln. Als das Neugeborene endlich in seinem Bettchen lag, ging ich nervös neben der Mutter auf und ab, dehnte meine Wanderungen bis zum Fenster aus und spähte nach draußen, ob der Doktor endlich nahte. Doch im Schein der Hoflichts erkannte ich nur das Auto des Tierarztes. Der hält sich ebenfalls verdächtig lange auf dem Anwesen auf, dachte ich mir, und ich hätte zu gerne gewusst, was ihn da im Stall festhielt. Schließlich stammte ich von einem Bauernhof.

Endlich – es schien mir wie eine Ewigkeit – fuhr der Wagen des Arztes auf dem Hof vor. Nach einer kurzen Untersuchung war die Diagnose schnell gestellt: »Seemüllerin, da hilft alles nichts, du musst ins Spital.«

Noch einmal rief ich den Bauern aus dem Stall, damit er die Rettung alarmierte. Als der Sanka endlich erschien, fiel mir ein Stein vom Herzen, denn die

Situation erschien mir mittlerweile recht besorgniserregend. Wir verfrachteten die Kathi auf die Liege, und ich nahm neben ihr Platz, den schlafenden ersten Zwilling im Arm. Den konnten wir ja schließlich nicht ohne Mutter daheim lassen. Bei unserer Abfahrt stand das Tierarztauto nach wie vor im Hof und war inzwischen mächtig zugeschneit. Der Bauer war zwar gleich wieder im Stall verschwunden, doch zuvor konnte ich ihn gerade noch fragen, was denn dort los sei. »Was wird schon sein?«, gab er unwillig Auskunft. »Das Gleiche wie hier. Kalben soll sie, die Kuh. Aber bei der geht's auch weiter.« Damit war meine Neugier fürs Erste befriedigt.

Mitternacht war längst vorüber, als wir in der Klinik ankamen. Wir lieferten Mutter und Kind im Kreißsaal ab, womit meine Aufgabe für heute erledigt war und ich mit der Rettung zurückfahren konnte.

Bei meinem Anruf am nächsten Tag erfuhr ich Folgendes: Während man im Operationssaal die Vorbereitungen für einen Kaiserschnitt traf, setzten bei der Seemüllerin klammheimlich die Wehen wieder ein, und wenig später war er da, der zweite Zwilling, nachts um halb eins.

So kam es, dass in seinen Papieren nicht nur ein anderer Geburtsort stand als bei seinem Bruder, sondern auch ein anderes Geburtsdatum.

Am Nachmittag, ich war auf dem Weg zur Wochenpflege bei einer Bäuerin in Oberach, lief mir unser Viechdoktor über den Weg. Noch bevor ich ihn mit einer Frage überfallen konnte, wollte er gleich wissen: »Was hat's denn gestern bei der Seemüllerin gegeben? Du hast ja einen Mordsaufwand getrieben.«

»Ja, mei, was sollt ich machen? Der zweite Zwilling wollte partout nicht kommen. Kaum aber war die Kathi im Spital, war der zweite Bub schon da.«

»Wie schön! Dann hast mehr Glück gehabt als ich«, seufzte er.

»Wieso? Was hat's denn bei dir gegeben?«

»Das ist eine längere Geschichte. Willst du die wirklich wissen?«

»Das kannst mir glauben. Alles, was mit der Landwirtschaft zu tun hat, interessiert mich brennend.«

»Dann weißt ja auch, dass mich ein Bauer erst dann holt, wenn er nimmer weiterweiß.«

Verständnisvoll nickte ich.

»Der gute Seemüller hatte also festgestellt, dass bei seiner Flora in Richtung Ausgang vier Haxen lagen statt zwei. Also rechnete er mit Zwillingen, normalerweise kein Problem bei Kühen. Weil aber gar nichts weiterging, hat er mich schließlich kommen lassen. Seine Vermutung konnte ich nur bestätigen: ›Hast recht, Seemüller. Es sind Zwillinge. Man fühlt deutlich zwei Köpfe und vier Vorderhaxen. Das haben wir gleich.‹ Dem einen Kopf ordnete ich zwei Haxen zu, die ich mit Ketten fixierte, und befahl dem Bauern zu ziehen. Der zog und zog, aber nix passierte. Na gut, dachte ich, vermutlich passen diese Haxen mit dem Kopf nicht zusammen. Also nahm ich die beiden anderen. Wieder zog der Bauer aus Leibeskräften, wieder bewegte sich nichts. Der Seemüller schaute mich verzweifelt an. ›Nur keine Panik‹, versuchte ich ihn zu beruhigen. ›Das kriegen wir schon hin. Nehmen wir halt eine von diesen Haxen und eine von den beiden vorigen.‹ So ging das weiter. Sämtliche

Kombinationen, die bei vier Haxen und zwei Köpfen möglich sind, probierte ich aus. Trotzdem rührte sich nichts. Absolut nichts. ›Wahrscheinlich liegt das eine Kalb völlig eingekeilt in das andere‹, erklärte ich dem Seemüller. ›Da hilft nichts, wir müssen einen Kaiserschnitt machen.‹ Inzwischen selbst schon ziemlich abgekämpft, traute ich mir das allein nicht zu. Ich beauftragte den Bauern, den Kollegen vom Nachbarsprengel anzurufen, damit er mir half. In dem Moment hast du nach ihm geschrien, er soll die Rettung holen.«

»Da hat er aber Glück gehabt«, stellte ich lachend fest. »Da ging es in einem Aufwasch mit dem Telefonieren.«

»Das stimmt. Kaum wart ihr mit dem Rettungswagen losgefahren, kam aus der anderen Richtung mein Kollege an. Inzwischen hatte ich schon alles vorbereitet, und wir konnten gleich anfangen, nachdem der Kollege meine Diagnose bestätigt hatte. Wir begannen also mit dem Operieren und versuchten mit vereinten Kräften, die Frucht durch die Operationswunde zu ziehen. Der Körper wurde zusehends größer und größer. Letztendlich hatten wir siamesische Zwillinge vor uns mit dem stattlichen Gewicht von achtzig Kilogramm. Weil die zusammengewachsenen Kälber viel zu groß waren, riss die Bauchdecke mächtig ein, wodurch die arme Kuh so schwer verletztwurde, dass sie notgeschlachtet werden musste. Für den Seemüller, der eh nicht mit irdischen Gütern gesegnet ist, tat mir das furchtbar leid, zumal er von den Kälbern auch nichts hat. Sie waren bereits im Mutterleib abgestorben. Aber selbst wenn sie überlebt hätten, wären sie wertlos gewesen. Siamesische Kälber zieht man nicht auf.«

»Ja, das tut mir ebenfalls leid. Aber wenigstens ist für die Kathi alles gut ausgegangen. Und wie man mir vom Krankenhaus mitteilte, sind beide Buben wohlauf.«

Dass es den kleinen Kerlchen wirklich gut ging, davon konnte ich mich überzeugen, als ich nach Kathis Heimkehr einen Besuch auf dem Hof machte. Aber was erklärte sie mir da? »Weißt, Nanni, dafür hätt ich net ins Spital gebraucht. Das weißt schon, so leicht kriegt mich da keiner mehr hin. Mein nächstes Kind bring ich bei dir zur Welt.«

Das sollte sie tatsächlich wahrmachen. Zwei Jahre später – inzwischen hatten wir ein neues Haus gebaut mit einem eigenen Entbindungszimmer – stand sie mit ihrer Reisetasche vor meiner Tür. Diese Geburt verlief ganz normal und war eine der einfachsten, die ich je betreut habe. Noch zwei weitere Male erschien sie bei mir, und beide waren völlig unspektakuläre Entbindungen.

Ein Festmahl für die Hebamme

Nicht weit von meinem Haus entfernt, am Hang gelegen, stand ein altes Gasthaus, das öfter schon seinen Besitzer beziehungsweise Pächter gewechselt hatte. Wir wohnten noch nicht lange in Kirchfeld, als wieder einmal ein neues Wirtsehepaar einzog. Sie hatten drei kleine Töchter, die ich hin und wieder im Vorübergehen im Hof beim Spielen beobachten konnte. Ende August desselben Jahres begegnete mir dann die Mutter, und für mein geübtes Auge war nicht zu übersehen, dass sie in anderen Umständen war. »Du bist die Hebamme«, sprach sie mich auch gleich an. »Ich werd dich bald brauchen.«

»Ist schon recht«, gab ich zurück. »Du weißt ja, wo ich wohn.«

Etwa zwei Wochen, nachdem ich mit der jungen Frau gesprochen hatte, die Nacht neigte sich bereits dem Morgen zu, rumpelte es an meiner Haustür, denn wir hatten, wie viele Häuser in den Dörfern, anfangs noch keine Klingel. »Ich bin der Wirt vom Bräustüberl«, hörte ich eine tiefe Bassstimme, als ich mich der Tür näherte. »Du sollst, bittschön, schnell zu meiner Frau kommen.«

Da ich wusste, dass es sich um die Geburt des vierten Kindes handelte, schien mir tatsächlich Eile geboten. Ich kleidete mich in Windeseile an und folgte dem Wirt durch die einsetzende Morgendämmerung zum Gasthaus. Wir benutzten den Hintereingang und stiegen eine schmale, knarrende Treppe hinauf, um in die Privatwohnung zu gelangen, die sich über den Gasträumen befand. Eigenartigerweise war es, wie ich bald feststellte, noch gar nicht brandeilig, aber hier hatten wir es wohl mit einer der Ausnahmen zu tun, die die Regel bestätigen.

Mir blieb also genügend Zeit, in aller Ruhe sämtliche notwendigen Untersuchungen und Geburtsvorbereitungen durchzuführen. Nachdem ich den Bauch abgetastet und das Becken ausgemessen hatte, ohne Ungewöhnliches zu finden, stutzte ich plötzlich, als ich mein Hörrohr ansetzte. Statt eines kindlichen Herzschlages vernahm ich nur ein fauchendes, zischendes Geräusch. Den Eltern gegenüber, auch der Wirt war anwesend, ließ ich mir jedoch keine Besorgnis anmerken. Ich setzte mein Rohr an verschiedenen Stellen des mütterlichen Bauches an, fand aber überall nur dieses merkwürdige Fauchen, das eventuell auf einen angeborenen Herzfehler hindeutete. Allerdings konnte es sich ebenfalls um ein übermäßig starkes Nabelschnurgeräusch handeln, das den kindlichen Herzton überdeckte. Ich wartete ein Weilchen, brachte die hygienischen Vorbereitungen zu Ende und horchte den Bauch erneut ab. Wieder nichts als dieses Fauchen und Zischen. Obwohl ich mir langsam ernstliche Sorgen machte, ließ ich mir nichts anmerken und setzte für die werdenden Eltern ein optimistisches Gesicht auf.

Ich war allerdings froh, dass mir der junge Vater zur Seite stand. Er war einer jener Männer, wie man sie in einem solchen Fall gern um sich hatte – ruhig, anstellig, immer bereit zu helfen. Und wenn es nur darum ging, aus der Wirtshausküche warmes Wasser zu holen, denn heißes Wasser aus der Leitung gab es in der Wohnung nicht. Oder er brachte mir einen Kaffee, wofür ich ebenfalls dankbar war.

Schließlich kamen die Wehen häufiger, der Muttermund öffnete sich kontinuierlich, und noch einmal horchte ich den Bauch ab. Endlich hörte ich zu meiner Erleichterung neben dem Zischen leise, aber regelmäßig etwas anderes: kindliche Herztöne. Ich zählte hundertvierzig Schläge die Minute – also kein Grund zur Besorgnis – und machte mich mit neuem Elan ans Werk. Dem Dickschädel nach zu urteilen, rechnete ich mit einem strammen Buben. Da die Mutter jedoch noch jung und die Muskulatur elastisch war, würden wir es mit einem guten Dammschutz ohne Schneiden schaffen. Das Kind durfte nur nicht angeschossen kommen. »Schön langsam! Vorsichtig! Hecheln! Atmen! Pressen!«, gab ich meine Befehle. Dann war es geschafft, das Köpfchen trat durch, der Rest folgte automatisch. Die schrecklichen Geräusche, die mich so irritiert hatten, kamen wohl tatsächlich von der Nabelschnur, die vielleicht an einer Stelle etwas zusammengedrückt worden war. Hauptsache der Herzschlag des Neugeborenen klang einwandfrei, denn es wäre für mich nicht einfach gewesen, den Eltern eröffnen zu müssen, dass ihr Kind einen Herzfehler hätte, zumal es der lang ersehnte Bub war. Aber alles sah bestens aus, und die Freude des Wirtes und seiner Frau über diesen kräftigen Sohn kannte keine Grenzen. Sie bedankten sich beide überschwänglich bei mir, als ob es mein Verdienst gewesen wäre, dass nun, nach drei Dirndln, endlich ein Bub in der Wiege lag.

Meine Erleichterung darüber, dass dieses Kind keinen Herzfehler hatte, wurde bald in den Hintergrund gedrängt von neuen Sorgen. Bei der jungen Mutter machte die Nachgeburt keine Fortschritte, obwohl bereits eine geraume Zeit verstrichen war. Bahnte sich hier ein Problem an? In den meisten Fällen löst sich die Plazenta innerhalb von zwanzig Minuten – wenn es ein bisschen länger dauert, ist es auch nicht tragisch. Doch als fast eine Stunde seit der Abnabelung verstrichen war, begann ich ernstlich unruhig zu werden. Sollte ich nach dem Arzt schicken? Oder weiter abwarten? Oder besser gleich die Rettung verständigen, damit die Frau ins Spital kam?

Um mich nicht vor meinem Sprengelarzt zu blamieren, beschloss ich, genau eine Stunde verstreichen zu lassen. Dann redete ich mit dem Wirt, erklärte ihm, er müsse den Doktor holen und ihm genau berichten, um was es ging – und er solle sich bitte schön beeilen.

Als der Mann sich gerade zum Gehen wenden wollte, rief die Ella auf einmal: »Halt, halt, ich glaub, jetzt tut sich was.«

Ich schnappte die bereitstehende Schüssel, sprang hinzu und konnte die Nachgeburt gerade noch auffangen. Mit extremer Sorgfalt schaute ich mir das Gebilde an, aber meine Skepsis war unbegründet. Tadellos, komplett, schön glatt und ohne jegliche Ausbuchtung oder raue Stelle. Warum die Abstoßung erst so lange gedauert und dann so unproblematisch gewesen war, würde mir auf ewig ein Rätsel bleiben.

Auch der Wirt war erleichtert, zumal er dringend nach unten in die Küche musste, um mit den Vorbereitungen fürs Mittagessen zu beginnen.

»Ja, geh nur«, entließ ich ihn großmütig. »Während ich bei deiner Frau Wache halte, gibt's für dich eh nichts zu tun.«

»Aber bevor du weggehst, schaust bittschön bei mir herein«, bat er sich aus.

Warum nicht, dachte ich, machst dem stolzen Bubenvater halt eine Freude. Vielleicht will er dich ja zu einem Schnaps einladen. Wie staunte ich jedoch, als ich nach meiner Sitzwache in die Gaststube trat. Ein fürstliches Mahl erwartete mich dort! »Ich kann dich schließlich nicht hungrig nach Hause gehen lassen, wo wir dich schon um dein Frühstück gebracht haben«, meinte er schlicht. Ein halbes Brathuhn lag auf dem Teller, das erste, das ich in meinem Leben zu essen bekam, umgeben von Kroketten und diversem Gemüse. Daneben ein Glas vom besten Rotwein und als Nachtisch einen pompösen Eisbecher. So feudal hatte ich in meinem ganzen Leben noch nicht gespeist. Ja, es waren wirklich ungewohnte Genüsse, die ich nach dieser zunächst sorgenvollen Entbindung im Bräustüberl genießen durfte!

Eine erstaunliche Erstgebärende

Im Laufe der vielen Jahre, die ich als Berghebamme tätig sein durfte, hat es in der Geburtshilfe zahlreiche Neuerungen gegeben, besonders auf dem Gebiet der Schwangerenvorsorge und der Mütterberatung. Nicht immer waren meine Landfrauen begeistert von den neumodischen Sachen, die ja schließlich bis dahin auch nicht notwendig gewesen waren, so die verbreitete Meinung. Während bei der Mütterberatung die Akzeptanz im Allgemeinen noch recht positiv war, nahm man an den Vorsorgeuntersuchungen nur zögerlich teil.

Dass neugeborene Kinder, weil sie häufig irgendwelche Probleme und Problemchen machten, regelmäßig bei Arzt und Hebamme vorgestellt werden sollten, leuchtete vielleicht ein. Aber während der Schwangerschaft? Das war doch keine Krankheit, wozu da ein Arzt?

Nur mühsam gelang es mir und meinen Kolleginnen, den Frauen beizubringen, dass Schwangerschaft und Geburt oft gravierende Risiken bargen, die sich bei rechtzeitiger Aufdeckung ausschalten ließen. »Früher sind die Kinder auch gekommen ohne vorherige Untersuchung, ohne Beratung und ohne den ganzen modernen Kram«, erklärte mir manche werdende Mutter trotzig, wenn ich sie dazu animieren wollte, zur Vorsorge zu gehen.

»Das stimmt«, gab ich zu. »Aber weißt auch, wie viele Kinder und Mütter dabei auf der Stecke geblieben sind?«

»Ei ja, hast schon recht. Dann geh ich halt zur Untersuchung.«

Viel konnte man zu jener Zeit zwar nicht feststellen, vor allem war das Ultraschallgerät, das heute aus der vorgeburtlichen Diagnostik nicht mehr wegzudenken ist, noch nicht allgemein bekannt und natürlich auch nicht auf dem jetzigen technischen Standard. Dennoch ließ sich durchaus einiges tun, um Aufschluss über mögliche Risiken für den Schwangerschaftsverlauf und die Gesundheit des Kindes zu erhalten. So wurde der Urin der Frau auf zwei gar nicht selten vorkommende Erkrankungen untersucht, die eine erhebliche Gefahr für Mutter und Kind darstellten. Das eine war Zucker im Urin, das andere Eiweiß. Beide mussten als Alarmzeichen gewertet werden. Zucker deutete auf Schwangerschaftsdiabetes hin und Eiweiß auf eine Nierenerkrankung. Unbehandelt konnte beides unter der Geburt für Mutter und Kind verhängnisvoll werden. Da diese Untersuchung von vielen Frauen während der Schwangerschaft versäumt wurde, gehörte es schon während meiner Ausbildung im Kreißsaal zur Routine, von jeder werdenden Mutter vor der Entbindung eine Urinprobe zu nehmen. Ein Erlebnis ist mir dabei unvergesslich geblieben.

Es war an einem Novemberabend, im Kreißsaal herrschte mal wieder Hochbetrieb. Meine Lehrhebamme und ich hatten gerade einem gesunden Buben auf die Welt geholfen, als der nächste »Fall« auf der Matte stand beziehungsweise uns an der Tür zum Kreißsaal vom Ehemann übergeben wurde. Da alle anderen mit langwierigen Entbindungen beschäftigt waren, mussten wir die Frau übernehmen. Eigentlich war sie das, was man eine Dame nennt, nicht mehr ganz jung und von vornehmem Auftreten, in einem Umstandskostüm von solcher Eleganz, wie ich es noch nie gesehen hatte. Gemeinsam mit meiner Lehrhebamme machte ich die Anamnese. Auf die Frage: »Seit wann haben Sie Wehen?«, gab sie an: »Seit anderthalb bis zwei Stunden, so genau habe ich nicht darauf geachtet.«

Auf meine nächste Frage: »Das wievielte Kind ist es?«, antwortete sie spontan: »Das erste.«

Auweh, dachte ich, das erschwert die Sache. Eine späte Erstgebärende war immer problematisch, zumal aber für eine wie mich, deren Ausbildung noch nicht abgeschlossen war. Da die Frau selbst noch keinerlei Erfahrung mit dem Kinderkriegen hatte, würde es allein auf mein Geschick und Improvisationstalent ankommen, um unter den gestrengen Augen meiner Lehrhebamme bestehen zu können. Zur »Ermutigung« raunte mir diese auch noch zu: »Da können wir uns auf eine lange Entbindung gefasst machen.«

Andererseits hatte diese Konstellation auch ihr Gutes, sie gab mir die Möglichkeit, alle notwendigen Untersuchungen und Vorbereitungen in Ruhe durchzuführen. Das war für mich als Anfängerin allemal besser, als wenn eine Frau in letzter Minute zu uns kam und wir vor lauter Hektik nicht wussten, womit wir anfangen sollten, was in der Praxis leider viel häufiger vorkam.

Bevor mich die Lehrhebamme den Bauch der Schwangeren abtasten und abhorchen ließ, was sie anschließend zur Kontrolle wiederholen würde, und bevor wir untersuchten, wie weit sich der Muttermund bereits geöffnet hatte, setzten wir die Frau auf den sogenannten Leibstuhl, um eine Urinprobe zu bekommen. In diesem Moment stöhnte sie auf, und wir erkannten mit Schrecken, dass sie bereits Presswehen hatte. In heller Aufregung schrie meine Lehrhebamme sie an: »Was, Sie kriegen das erste Kind? Das glauben Sie doch selbst nicht!«

»Pst«, zischte die elegante Dame trotz ihrer Schmerzen. »Schreien Sie doch nicht so, damit mein Mann nichts hört. Er wartet draußen auf dem Gang.«

Die nächste Presswehe hinderte sie am Weitersprechen, dann aber fuhr sie mit gedämpfter Stimme fort: »Sie haben recht. Das ist nicht mein erstes Kind. Aber mein Mann weiß nichts von den beiden anderen.«

Für weitere Erklärungen blieb keine Zeit, denn das »Erstlingskind« schob sich mit aller Macht nach draußen. Gemeinsam zerrten wir die Frau vom Leibstuhl und warfen sie, mehr als dass wir sie legten, auf das Kreißbett. Da ich die Geburtshilfe allein machen musste, wenngleich unter der Aufsicht der Lehrhebamme, war ich für mein Teil froh, es nicht mit einer Erstgebärenden zu tun zu haben. Alles lief wie am Schnürchen: Noch zwei weitere Presswehen, und das Kerlchen war da, siebeneinhalb Pfund schwer, kräftig, rosig und aus Leibeskräften brüllend. Wir brauchten keinen Dammschnitt zu machen, und es gab keinen Riss. Sogar die Nachgeburt löste sich wie von Zauberhand tadellos innerhalb von zwanzig Minuten.

Während meine Chefin den strammen Buben stolz seinem draußen wartenden Vater präsentierte, um ihn anschließend ins Säuglingszimmer zu bringen, blieben mir ein paar Minuten, mich ans Bett der Mutter zu setzen, denn mir kam es so vor, als habe sie das Bedürfnis, mit jemandem zu sprechen. Und so erfuhr ich ihre Geschichte – allerdings erst, nachdem ich ihr zuvor hoch und heilig versprochen hatte, ihrem Mann kein Sterbenswörtchen von ihrer Beichte zu verraten. Es war eigentlich eine traurige Geschichte.

»Das erste Kind bekam ich mit siebzehn von einem amerikanischen Besatzungssoldaten. So etwas kam nach dem Krieg öfters vor, aber meine Mutter jammerte schrecklich, dass sie die Schande nicht überleben würde. Und für meinen Vater, einen angesehenen Rechtsanwalt in einer Kleinstadt, war es eine unsägliche Schmach, dass seine Tochter, die doch schließlich aus gutem Hause stammte, eine von denen sein sollte, die sich mit Angehörigen der Besatzungsmacht einließen. Da er über die nötigen finanziellen Mittel verfügte, schickte er mich in ein Heim nach Salzburg, wo ich das Kind in aller Heimlichkeit zur Welt brachte. Er sorgte auch dafür, dass ich es gar nicht zu sehen bekam, und gab es sofort zur Adoption frei. In unserem Bekanntenkreis hieß es, ich sei auf ein Gymnasium in der Stadt übergewechselt, was ich dann nach der Geburt des Kindes wirklich tat. Nach der Matura ging ich nach Wien, um Jura zu studieren. Ich hatte die Absicht, nach meinem Studium als Sozius in die Kanzlei meines Vaters einzutreten, um sie später zu übernehmen. Aber alles kam anders.

Noch vor dem Examen verliebte ich mich in einen Kommilitonen. Wir verlobten uns sogar, doch noch bevor wir heiraten konnten, wurde ich schwanger.

Als ich im fünften Monat war, diagnostizierte man bei meinem Verlobten einen Gehirntumor. Heilbar, hieß es, und so willigte er in die Operation ein, die er trotz günstiger Prognosen nicht überlebte. Mittlerweile war ich im siebten Monat, und man sah mir die Schwangerschaft deutlich an. Was sollte ich tun? Die Einstellung meiner Eltern kannte ich nur zu gut, und auch diesmal widersetzte ich mich nicht. Mein Vater traf sich mit mir in Salzburg, und erneut ging er mit mir zu der bewussten Adresse. Auch dieses Kind wurde gleich nach der Geburt zur Adoption freigegeben.

Ich beendete mein Studium in Wien und leistete mein Referendariat ab. Anschließend bewarb ich mich um eine Assessorenstelle in Salzburg, um wieder näher an meinem Zuhause zu sein. Erstaunlich nach allem, was geschehen war, oder? Dort fasste ich allerdings irgendwann den Plan, auf keinen Fall nach meiner Assessorenzeit in die Kanzlei meines Vaters einzutreten – ich konnte es mir plötzlich nicht mehr vorstellen, mich wieder in die spießbürgerliche Lebensweise meines Heimatortes einzufügen. Mein Vater akzeptierte das sogar. Ich fand eine Anstellung in einer großen Salzburger Kanzlei, wo ich meinen Mann als Klienten kennenlernte. Er leitet ein eigenes, gut gehendes Unternehmen, für das er immer wieder juristischen Beistand braucht. Deshalb war er sehr glücklich, in mir nicht nur die Frau fürs Leben gefunden zu haben, sondern eine firmeneigene Juristin dazu. Auch war er äußerst erfreut darüber, dass es bei uns so schnell mit der Schwangerschaft geklappt hat, obwohl wir beide nicht mehr die Jüngsten sind. Und dass es auf Anhieb ein Sohn geworden ist, wird ihn mit besonderem Stolz erfüllen. Warum sollte ich ihn da belasten mit zwei vorehelichen Kindern, die ich nicht kenne und über die ich nichts weiß?«

Von ihrer Warte aus mochte sie recht haben, aber ich glaube, ich hätte es nicht fertiggebracht, ein solches Geheimnis ein Leben lang zu bewahren.

Nachtwanderungen

Es war Anfang Dezember. Tagsüber hatte es leicht geschneit, und die frischen Flocken überdeckten den Altschnee, der noch vom November lag, mit einem sauberen, weißen Tuch. Insgesamt lagen auf den ungeräumten Wegen etwa fünfzehn Zentimeter, also nichts zum Erschrecken. Man hätte gut und gerne noch jeden Bergbauernhof zu Fuß erreichen können. Trotzdem reagierte ich unwillig, als mich spätabends – ich war gerade zu Bett gegangen – der Lindnerbauer herausklingelte, der auf einem sehr abgelegenen Anwesen zu Hause war.

»Du musst sofort zu meiner Frau kommen«, überfiel er mich an der Haustür.

»Ja, was?«, staunte ich. »Ich hab gar nicht gewusst, dass sie schwanger ist.« Die Lindnerin kannte ich zwar vom Sehen, hatte bisher aber nichts zu tun gehabt mit ihr. Sie war eine äußerst korpulente Person von nicht einmal vierunddreißig Jahren, deshalb war selbst meinem geschulten Auge ihre Schwangerschaft entgangen. »Das wievielte Kind ist es denn?«, erkundigte ich mich, um einen Anhaltspunkt zu bekommen, wie eilig es war.

»Das fünfte«, lautete sein Bescheid, »aber die vierte Entbindung.«

»Aha, es sind also Zwillinge darunter«, stellte ich fest.

Er nickte. »Lauter Dirndln sind's. Jetzt schau, dass du einen Buben herbringst.«

»Schaun wir mal«, antwortete ich. »Damit ich aber weiß, wie sehr ich mich beeilen muss, verrätst mir noch, in welchem Abstand die Wehen kommen.«

»Die Wehen?« Bei dieser Frage machte er ein so verdutztes Gesicht, als habe er das Wort noch nie gehört.

»Ja, die Wehen mein ich. Wie oft kommen die?«

»Ja, Wehen hat s' noch keine«, gab er zögerlich zu. »Aber die Irmi meint, da stimmt was nicht. Du sollst sie mal anschauen, weil sie schon über die Zeit ist. Die anderen Kinder waren nämlich eher zu früh dran als zu spät.«

Ich schluckte meinen aufsteigenden Ärger herunter. Keine Wehen und mich mitten in der Nacht aus dem Bett holen! Da hätte der Lindner gut und gerne bei Tag kommen können.

»Wie weit ist sie denn über die Zeit?«, fragte ich trotzdem einigermaßen höflich.

»Ja, so zehn bis zwölf Tage hat sie gemeint. So genau weiß man das ja nie.« Bei diesen Worten grinste er verlegen.

»Nein, Fritz, wenn's nicht dringend ist, geh ich da jetzt nicht hinauf. Wenn die Irmi sich Sorgen macht, weil die Wehen nicht einsetzen, soll sie halt zu mir kommen. Du weißt sicher, dass ich seit einiger Zeit ein eigenes Entbindungszimmer habe, in diesem kann sie dann die Wehen abwarten.«

»Von dem Entbindungszimmer weiß ich schon, aber bei dem Schnee kann meine Frau doch den Weg nicht machen«, druckste der Bauer herum.

»Ja, meinst jetzt du, für mich wär das weniger Schnee? Und meinst nicht, es ist anstrengender, da hinauf- als hinabzusteigen?«

»Du bist ja net in anderen Umständ.«

»Das stimmt. Aber ich müsste meine schwere Tasche schleppen.«

»Wenn meine Frau runterkäm, müsst sie ja auch eine Tasche mit ihren Sachen tragen.«

»Ach, geh! Erstens ist es Berg runter viel leichter, und zweitens wirst doch so viel Kavalier sein, dass du deiner Frau die Tasche trägst.«

»Ja, schon«, antwortete er zögernd. Plötzlich hatte er einen Geistesblitz: »Statt dass ich ihre Tasche runtertrag, könnt ich doch die deine hinauftragen.«

Der Lindnerbauer schien um keine Ausrede verlegen. Offenbar gehörte die Irmi zu jenen Bäuerinnen, für die es undenkbar war, anderswo zu entbinden als auf ihrem Hof. Ich konnte mir ein Lächeln nicht verkneifen. »Das ist ja wahnsinnig nett von dir. Aber das wär grad für die Katz. Was soll ich bei einer Frau, die keine Wehen hat? Ihr müsst entweder warten, bis die einsetzen, oder die Irmi gehört in die Hand eines Arztes, damit der die Geburt einleitet. Mein Rat: Bring die Irmi auf jeden Fall zu mir. Denn wenn sie schon so lang über die Zeit ist, muss man mit einer komplizierten Geburt rechnen. Dabei bräuchten wir eh den Doktor. Auch für den Fall, dass sie wieder Zwillinge kriegt, was durchaus möglich ist. Jetzt überleg mal: Wie willst denn den Arzt, wenn's wirklich brenzlig wird, so schnell zu euch hinaufkriegen?«

An die Zwillinge glaubte ich zwar selbst nicht, denn nach meiner Erfahrung kamen die eher zu früh als zu spät, doch ich malte diese Möglichkeit als Schreckgespenst aus, um mehr Druck auf ihn auszuüben. Betreten schaute er vor sich hin. »Hast recht«, murmelte er. Um sicherzugehen, setzte ich noch eins drauf: »Womöglich muss die Irmi sogar ins Krankenhaus, damit man das Kind dort holt. Da wär's gut, wenn sie schon mal hier unten in meinem Haus ist. Von da kann der Sanka sie im Ernstfall leicht abholen. Zu dir hinauf schafft er's eh nicht.« Das leuchtete ihm ein. »Meinst, ich sollt jetzt meine Frau mitten in der Nacht zu dir runterziehen?«

»Aber nein, bis morgen Früh hat's allemal Zeit. Auf die paar Stunden kommt's nicht an. Bestell der Irmi einen schönen Gruß von mir und erklär ihr, es wär das Vernünftigste, wenn sie sich gleich am Morgen auf den Weg macht.«

»Ist schon recht. Ich werd's ausrichten.«

»Noch was, Fritz. Hilf ihr beim Packen der Tasche. Wäsche soll da hinein für sich und das Kind und Toilettensachen.«

»Was meinst jetzt damit?«, fragte er unsicher.

»Kamm, Zahnbürste, Zahnpasta, Seife, was man halt so braucht.«

»Warum hast das nicht gleich gesagt?«

Auf diese Frage erwartete er jedoch keine Antwort mehr. Bevor er sich wieder auf den Heimweg machte und ich in mein Bett zurückschlüpfen konnte, gab ich ihm noch einen letzten Rat: »Häng die Irmi unterwegs ein, damit sie auf dem holprigen Weg mit dem rutschigen Schnee nicht hinfällt. Vielleicht tut ihr der Marsch auch ganz gut, und die Wehen kommen endlich in Gang.«

Stürmisches Klingeln riss mich aus meinem ersten Tiefschlaf heraus. Schlaftrunken wankte ich zur Haustür. Wer stand davor? Richtig, der Lindner Fritz mit einem Köfferchen in der Hand. »Was ist denn jetzt schon wieder?«, fragte ich in leicht ungehaltenem Ton. Dann erst entdeckte ich, dass hinter ihm seine Frau stand. »Ich hab dir doch gesagt, dass es reicht, wenn ihr morgen Früh kommt.«

»Das reicht net«, ließ sie sich zaghaft vernehmen. »Die Wehen kommen alle fünf Minuten.«

»Das darf doch nicht wahr sein!«, rief ich aus und zerrte die Frau sofort hinein, ins Entbindungszimmer und aufs Bett. Ich zog ihr die Kleider vom Leib und begann hektisch, ihren Bauch abzutasten. Vor lauter Fettgewebe war von dem Kind nicht viel zu spüren. Es schien aber richtig zu liegen, und es schien auch nur eines zu sein, allerdings ein recht großes.

Hoffentlich stimmen die Maße, dachte ich, als ich den Beckenzirkel ansetzte, denn für einen Transport in die Klinik war die Zeit reichlich knapp. Ich schaffte es gerade noch, die Irmi im Geburtsbereich zu rasieren und zu waschen. Für einen Einlauf blieb keine Zeit mehr, denn schon lief das Fruchtwasser weg – es war missfarbig, was eindeutig auf ein übertragenes Kind hindeutete. Nur noch schnell die Hände waschen und Alkohol darüber – die eigentlich vorgeschriebenen zehn Minuten konnte ich nicht einhalten – und schon war ein strammer Bursche da, über vier Kilogramm schwer und fünfundfünfzig Zentimeter lang. Trotzdem war er ohne Schneiden oder Einreißen auf die Welt gekommen und tat um Viertel nach zwei seinen ersten Schrei, knapp eine Stunde nachdem die Irmi bei mir eingetroffen war. Der Lindner, den ich gleich dabehalten hatte, nahm seinen Stammhalter glücklich auf den Arm. Nach vier Dirndln war das für ihn ein stolzer Augenblick.

Während ich auf die Nachgeburt wartete, ließ ich mir von den beiden erzählen, was sich in der Nacht zugetragen hatte.

»Bis ich heimkam, war's fast Mitternacht«, berichtete der Fritz. »Die Irmi war mächtig enttäuscht, dass du nicht dabei warst. Nachdem ich ihr dann erklärt hab, was du mir angeschafft hast, schickte sie mich gleich auf den Dachboden, damit ich den Koffer hol. In der Zwischenzeit wollt sie die notwendigen Sachen zusammensuchen, sagte sie. Sie bestand darauf, dass wir gleich packen, um in der Früh sofort loszumarschieren. Als ich mit meinem staubigen Kofferl zurück war, saß sie schwer atmend auf dem Bett, und um sie herum lag die Wasch und das – Toilettenzeug.«

Jetzt griff die Irmi in die Erzählung ein: »Ja, was meinst, als ich mich am Kleiderschrank reckte, um ein Nachtgewand aus dem obersten Fach zu holen, ging's los. Aber wie! Net so ein bisserl wie bei den früheren Geburten. Es ging gleich so zur Sache, dass ich meinen Koffer nimmer selbst packen konnt. Der Fritz hat ihn abstauben müssen und das Zeug grad so reingeworfen, wie er's zu fassen bekam. Musst dich also nicht wundern über das Durcheinander.«

Nein, wundern musste ich mich da wirklich nicht. Da die Irmi so schnell bei mir aufgetaucht war, konnte es sich nur um einen überstürzten Aufbruch gehandelt haben. Die nächtliche Wanderung hatte wohl noch ein Übriges dazu getan, um die Geburt zu beschleunigen.

Der Lindnerin jedenfalls hat es in meiner kleinen Wochenstation so gut gefallen, dass sie auch die beiden nächsten Male gekommen ist. Jedes Mal hat sie gleich nach Einsetzen der Wehentätigkeit – kurz vor dem errechneten Termin – eine Nachtwanderung machen müssen. Zum Glück allerdings lag beim sechsten und siebten Kind kein Schnee, denn die Geburten fielen in die warme Jahreszeit. Und beide Male waren es Buben, worüber die Irmi und ihr Mann sehr glücklich waren. Dennoch sagte sie bei der Verabschiedung am zehnten Tag: »Jetzt langt mir's aber. Vier Dirndln und drei Buben, das ist genug. Hast nicht einen guten Rat für mich? Erzähl mir aber net, dass mein Mann sich zurückhalten soll.«

»Das erzähl ich dir ganz gewiss nicht. Dazu kenn ich die Mannsbilder zu gut. Nein, da gibt's jetzt etwas Neues. Das ist erst seit einigen Jahren auf dem Markt und soll sehr zuverlässig wirken.« Dann klärte ich sie über die Anti-Baby-Pille auf, die sie sich vom Arzt verschreiben lassen sollte. Sie scheint meinen Rat befolgt zu haben, denn in meiner Wochenstation ist sie nie wieder aufgetaucht.

Ein fleißiger Mann

Susanne, eine hübsche, fröhliche Bauerntochter aus einem Nachbartal, hatte in den Hirschegghof eingeheiratet – gewiss kein Fehler, denn der Steiner Alois sah nicht nur gut aus, sondern war auch ein tüchtiger, rechtschaffener Mann. Durch moderne Anbaumethoden hatte er das stattliche, Jahre zuvor vom Vater ererbte Anwesen weiter hochgebracht. Seine Mutter, die Altbäuerin, war noch gut beieinander, wie man so sagt, und half tüchtig mit. Dennoch war sie froh, als sie in der tatkräftigen blonden Susanne eine Hilfe bekam. Und wie bei gesunden jungen Leuten zu erwarten war, verging kein ganzes Jahr, bis man meiner Dienste bedurfte.

Es war am frühen Abend eines bitterkalten Tages Anfang Januar, und ein Schneesturm pfiff durch das Tal, als der Schlitten des Hirscheggers vor meinem Haus hielt. »Es tut mir leid, Nanni, dass ich dich bei einem gar so grausigen Wetter abholen muss, aber bei uns wär's so weit.«

»Seit wann hat denn die Susanne Wehen?«, wollte ich wissen.

»Ein paar Stunden sind's schon. Ich sollt nicht gleich losfahren, hat meine Mutter gesagt, die sich damit wohl auskennt. Aber eh dass ich dich mitten in der Nacht aus dem Bett holen muss, dacht ich, hol ich dich besser jetzt schon.«

»Das war vernünftig, Alois. Mir ist's auch lieber, wenn wir noch ein bisserl Zeit haben. Ich muss nur meiner Familie noch ein paar Anweisungen geben, dann bin ich zur Stelle.«

Warm in Schaffelle gehüllt, überstand ich die Fahrt zum Hirschegghof besser als befürchtet. In der Schlafkammer des Ehepaares war zu meiner Freude schön eingeheizt, sodass die Nacht für mich nicht schlimm werden würde. Josefine, die angehende Großmutter, kam gleich mit einer Kanne frisch gebrühtem Kaffee und schenkte für sich und mich eine Tasse ein. Die werdende Mutter hatte ich zuvor untersucht – es war alles in Ordnung, und wir mussten nur abwarten, dass die Natur das Ihre tat. Dem Alois hatte ich anheimgestellt, ob er dableiben – es könne sich allerdings noch einige Stunden hinziehen –, oder sich aufs Ohr legen wolle. Nach einem anstrengenden Arbeitstag zog er Letzteres vor, bat sich aber aus, geweckt zu werden, sobald die Geburt unmittelbar bevorstand. Ich versprach es ihm, und er verzog sich, während die Altbäuerin und ich uns dem Genuss des köstlichen Kaffees hingaben und dabei so recht von Herzen ins Plaudern kamen.

»Ich bin auch noch da«, ertönte auf einmal eine vorwurfsvolle Stimme vom Bett her. »Ihr sitzt da und ratscht und trinkt Kaffee, während ich hier still vor mich hinleide.«

»Tut mir leid, Susanne, so ist das nun mal. In dieser Phase können wir nichts für dich tun. Den Kaffee trinken wir auch nicht zum Vergnügen, sondern um uns wach zu halten, damit wir dir dann helfen können, wenn's so weit ist.«

»Meinst nicht, dass es bald losgeht?«, fragte sie zweifelnd.

»Nein, Susanne. Ich hab dich genau im Auge. Die Wehen kommen erst im Abstand von zehn Minuten.«

Dann war es wieder still vom Bett her. Als ich merkte, dass die Wehen im kürzeren Abstand kamen, untersuchte ich die junge Frau noch einmal und sagte dann zu ihr: »Der Muttermund hat sich schön geöffnet, jetzt können wir an die Vorbereitung gehen.«

Ich schickte die Josefine los, damit sie ihren Sohn wecke. Als der, noch schlaftrunken, ins Zimmer tappte, setzten gerade die Presswehen ein. »Du kannst deiner Frau die Hände halten und sie beim Pressen unterstützen«, empfahl ich ihm. Dann ging alles sehr schnell. Ruckzuck war das Kind da, ohne jede Komplikation, ein pumperlgesunder kleiner Kerl, der gleich kräftig losschrie. Der junge Vater strahlte, als ich ihm den Stammhalter in die Arme legte. »Da haben wir wieder einen kleinen Alois«, sagte er voller Stolz. »Schade dass mein Vater das nimmer erlebt hat.« Damit reichte er den Buben seiner Mutter. »Ja, der hätt vielleicht eine Freud gehabt. Jetzt ist der Hof für eine weitere Generation gesichert.« So war das eben damals in den Bauernfamilien, man dachte zuerst ans Überleben des Hofes.

Als Nächstes bekam endlich die blutjunge Mutter ihren Kleinen in den Arm gelegt, und Tränen der Rührung strömten über ihr Gesicht – so tief hatte sie die Freude von Vater und Großmutter bewegt.

Doch das Glück der Familie war nicht von langer Dauer. Der kleine Alois war noch kein Vierteljahr alt, da starb sein Vater. Als Mitglied der Bergwacht war er bei dem Versuch, Lawinenopfer zu bergen, selbst verschüttet worden. Es war ein schreckliches Ereignis. Schrecklich, weil dieser hoffnungsvolle Landwirt so früh sterben musste. Schrecklich für seine Mutter, die ihren einzigen Sohn verlor, den sie nach drei Töchtern endlich zur Welt gebracht hatte. Schrecklich vor allem für die junge Frau, dass sie so bald nach der Hochzeit schon Witwe war. Schrecklich aber auch für den kleinen Alois, der nun ohne Vater aufwachsen musste. Darüber hinaus stellte sich die brennende Frage, was aus dem alten Anwesen, das sich seit Generationen in Familienbesitz befand, werden sollte? Die Josefine war verzweifelt, die Susanne schien untröstlich. Das Einzige, was die beiden Frauen aufrecht hielt, war der Gedanke an den Buben, der sich zu einem rechten Sonnenschein entwickelte. Für dieses Kind mussten sie da sein, für dieses Kind mussten sie versuchen, den Hof zu erhalten. Der zukünftige Herr sollte eines Tages ein anständiges Sach übergeben bekommen. Wie aber sollten zwei Frauen das allein schaffen?

Das Frühjahr stand vor der Tür, die Arbeit auf den Feldern würde bald losgehen. Es musste also dringend ein Mann her. An eine baldige Wiederverheiratung der jungen Witwe war nicht zu denken – das wäre zum einen unschicklich gewesen und musste zum anderen, wenn überhaupt, sorgfältig überlegt werden, da der rechtmäßige Erbe schließlich der kleine Alois war und nichts seine Ansprüche beeinträchtigen durfte. Fürs Erste behalf man sich mit einem jungen Knecht. Es stellte sich jedoch bald heraus, dass der nicht annähernd so viel zu leisten vermochte wie der verstorbene Bauer. Also musste ein zweiter Knecht her, ein schon älterer, erfahrener Mann, der seine Sache ordentlich und zur Zufriedenheit der beiden Frauen erledigte. Er blieb auch nach der Ernte über den Winter, um bei der Stallarbeit zu helfen, während der Jungknecht gehen musste.

Im Mai darauf nun erschien der Altknecht mit der herrschaftlichen Kutsche vom Hirschegghof vor meiner Tür. Ich glaubte meinen Augen nicht zu trauen, als er bei mir läutete. »Hast dich verfahren?«, fragte ich spontan, um ihm womöglich die richtige Adresse nennen zu können, denn mittlerweile kannte ich mich in meinem Sprengel recht gut aus.

»Du bist doch die Hebamme?«, antwortete er mit einer Gegenfrage. Verdattert nickte ich. »Dann red net lang herum. Steig auf, es pressiert.«

Kopfschüttelnd holte ich meinen Koffer und folgte der freundlichen Einladung. Schweigend stieg der Knecht auf den Kutschbock, und ich nahm neben ihm Platz. Durch Schnalzen setzte er sein Pferd in Bewegung. »Du bist doch der Knecht vom Hirschegghof?«, fragte ich unterwegs, um mich zu vergewissern, dass ich ihn richtig einordnete. »Ja«, gab er so einsilbig zur Antwort, dass ich keine weiteren Fragen mehr zu stellen wagte.

Zum ersten Mal sollte ich das Hirschegganwesen im Frühjahr zu sehen bekommen. Es war heller Tag, und der Hof lag breit und behäbig inmitten eines ausgedehnten, im Maischmuck prangenden Wiesentales da. Bisher hatte ich die Landschaft nur unter einer dicken Schneedecke erlebt.

An der Haustür empfing mich die Josefine wie selbstverständlich mit den Worten: »Mach schnell, es kann jeden Moment losgehen.« Ich hastete hinter ihr die Treppe hinauf und stürmte ihr ins Schlafzimmer nach. Da lag die Susanne, hechelnd und stöhnend, und schien schon bei den Presswehen zu sein. Es blieb mir noch nicht mal die Zeit zum Händewaschen. Ich riss ein Paar Gummihandschuhe aus dem Koffer, streifte sie hastig über, und schon hielt ich das Köpfchen des Kindes in den Händen. Wenig später war das ganze Baby da, ein süßes Mäderl, das aus vollem Halse schrie. Erschöpft sank die junge Mutter zurück. Unterdessen machte ich mich daran, das Kleinchen abzunabeln und in der von der Josefine bereitgestellten Wanne zu baden. Dann legte ich noch den Nabelverband an und reichte den Nackedei seiner Mutter. Diese drückte das kleine Menschlein liebevoll an sich mit den Worten: »Susanne soll es heißen.« Ich nickte und trug den Namen des Kindes und seine anderen Daten in mein Tagebuch ein. Da die ganze Entbindung so hoppla hopp verlief, war keine Zeit geblieben für Gespräche und zum Kaffeetrinken.

Als die Altbäuerin die Kammer verließ, um das Badewasser nach unten zu bringen, dachte ich, die Susanne würde mir jetzt eine Erklärung geben, doch sie schwieg beharrlich. Da nahm ich meinen Mut zusammen und ging von mir aus das heikle Thema an: »Susanne, ich hab da ein Problem. In die Rubrik ›Vater des Kindes‹ kann ich nicht gut den Alois eintragen. Dass die Schwangerschaft dreizehn Monate gedauert hat, das nimmt uns kein Mensch ab.«

»Hast recht, Nanni. Schreib einfach ›Vater unbekannt‹.« Das sagte sie ganz gelassen, ohne jede Emotion, und mir stand es nicht zu, noch Fragen zu stellen.

Kurz darauf erschien die Schwiegermutter wieder, diesmal mit einer dampfenden Kaffeekanne, aus der sie uns beiden einschenkte. Sie wusste ja, dass ich noch über drei Stunden im Haus bleiben musste und ein belebendes Getränk gut vertragen konnte. Ich lobte ihren Kaffee, wir sprachen über das Wetter, über die niedliche Kleine, dankbar, dass alles so gut verlaufen war. Als das Gespräch ins Stocken geriet, erkundigte ich mich angelegentlich nach dem kleinen Alois. »Dem geht's gut«, berichtete die Großmutter stolz. »Der läuft schon wie ein Wiesel, und ›Oma‹ sagen kann er auch schon. Im Moment macht er seinen Mittagsschlaf. Aber er wird sich wohl bald melden.« Als ob er nur auf sein Stichwort gewartet habe, schrie er wenige Augenblicke später los. »Was hab ich gesagt?« Die Oma blickte mich stolz an, bevor sie sich erhob und ins Nebenzimmer eilte. Mit dem kleinen Blondschopf auf dem Arm kehrte sie bald darauf zurück, trat zur Wiege und redete auf den Kleinen ein: »Da schau, Alois, das ist dein Schwesterl, die Susanne.«

»Haben!«, rief er und streckte die Ärmchen nach dem Baby aus. »Nein, nein, Alois, das geht net. Dein Schwesterl ist noch zu klein. Aber bald, wenn's größer ist, könnt ihr miteinander spielen.«

Wenig später zog die Josefine mit ihrem Enkel ab, um ihn anzuziehen und ihm seinen Mittagsbrei zu geben. Derweil blieb ich mit der Wöchnerin allein. Wenn ich geglaubt hatte, sie werde nun ihren Mund und ihr Herz öffnen – als Hebamme musste man sich oft Lebensbeichten anhören –, so sah ich mich getäuscht. Fragen mochte ich nicht so direkt, denn das Privatleben der jungen Frau ging mich schließlich nichts an. Auch in den nächsten Tagen, als ich zur Wochenpflege kam, erfuhr ich nicht, was es mit dem Kind und dem unbekannten Vater auf sich hatte. Beide Frauen waren sehr freundlich und taten so, als gäbe es nichts Außergewöhnliches. Ihr einziges Problem schien zu sein, einen Ersatz für den im Herbst entlassenen Jungknecht zu finden, denn der hatte mittlerweile eine Arbeit in einer Fabrik angenommen. »Vielleicht war's ein Fehler, dass wir ihn entlassen haben«, klagte die Alte. »Aber es hätt sich doch nicht gelohnt, ihn den ganzen Winter durchzufüttern und zu entlohnen, wenn's für ihn nichts zu tun gab.«

»Da hast recht«, bestärkte ich sie.

Als ich am letzten Tag der Wochenpflege erschien – bei Mutter und Kind war alles bestens –, verkündete die Altbäuerin erfreut: »Vorgestern haben wir endlich jemanden gefunden, einen jungen Mann aus Jugoslawien. Bis jetzt lässt der sich ganz gut an.«

»Ja, wenn wir unsere Gastarbeiter nicht hätten«, nickte ich verständnisvoll.

Es waren noch keine zwei Jahre vergangen, da sah ich vom Küchenfenster aus erneut die Kutsche des Hirschegghofes vorfahren. Wieder war es der Altknecht, der hastig heruntersprang, für mich ein Alarmzeichen. Ich stürmte in den Hausgang, warf mir einen Mantel über und hatte meinen Koffer bereits in der Hand, als der Mann die Haustürglocke betätigte. Die Tür aufreißen und sagen: »Bei euch pressiert's mal wieder«, war eins. Er nickte stumm, machte kehrt und eilte auf sein Gefährt zu – wenigstens war er so viel Kavalier, dass er meine Tasche nahm und mir beim

Aufsteigen half. Und schon ging es in so rasanter Fahrt durch den Ort, dass die wenigen Passanten uns verblüfft nachschauten.

Bei der Susanne verlief wieder alles glatt und diesmal zum Glück nicht ganz so rasch, sodass mir Zeit blieb, meine Hände gründlich zu waschen, bevor ich ein gesundes Büberl in Empfang nahm. Die älteren Geschwister wurden von der Oma an die Wiege geführt und bestaunten den kleinen Peter, während ich mir Gedanken darüber machte, ob dieser Name vielleicht irgendeinen Rückschluss auf den möglichen Kindsvater erlaubte. Die junge Mutter machte zu meinem Erstaunen wiederum einen ausgeglichenen, zufriedenen Eindruck. Noch verwunderter aber war ich über ihre Schwiegermutter, denn der schien es gar nichts auszumachen, dass die Witwe ihres Sohnes ein lediges Kind nach dem anderen daherbrachte.

Erneut blieb dieses Thema die folgenden zehn Tage völlig ausgeklammert – ich erfuhr alles Mögliche andere aus dem letzten Jahr und dass man für die Arbeit auf den Feldern soeben einen tschechischen Knecht eingestellt hatte, der wie seine Vorgänger nur für die Dauer des Sommers bleiben würde. »Weißt, so fahren wir am besten«, erklärte mir die Altbäuerin. »Inzwischen haben wir gute Erfahrungen damit gemacht. Es lohnt sich wirklich nicht, einen Jungknecht den Winter über zu behalten. Es hat sich gezeigt, dass ein neuer, der im Frühjahr nachfolgt, ebenso gut ist.« Das glaubte ich ihr ohne Wenn und Aber.

Einige Wochen später musste ich in der Dorfmetzgerei lange anstehen. Es war kurz vor Pfingsten, und jede Hausfrau schien zu glauben, sie müsse ihren

Lieben zu den Feiertagen außer einem Festtagsbraten auch noch diverse andere Köstlichkeiten aus der Metzgerei auftischen. Bei dieser Gelegenheit belauschte ich unfreiwillig ein Gespräch, das zwei Kundinnen vor mir in der Schlange führten. »Hast schon gehört, auf dem Hirschegghof ist wieder was Kleines angekommen.«

»Ja, eine Schand ist das. Hat keinen Mann und setzt einen Bankert nach dem anderen in die Welt.«

»Das tät mich schon interessieren, wer der Kindsvater ist.«

»Da gibt's doch den Altknecht auf dem Hof. Der scheint mir noch net jenseits von Gut und Böse zu sein.«

»Ach der«, wehrte die eine Frau ab, »der tut doch keiner Fliege was zuleide. Der ist froh, wenn er satt zu essen kriegt und sich ab und zu eine Halbe im Wirtshaus leisten kann.«

»Meinst vielleicht, dass die jungen Knechte dahinterstecken?«, fragte die andere lauernd. »Die wechseln doch alle Jahr.«

»Nein, das glaub ich nicht. Ich hab einen anderen Verdacht.«

Jetzt wurde die Gesprächspartnerin noch interessierter: »Einen anderen?« Die beiden Kundinnen steckten ihre Köpfe so dicht zusammen und redeten so leise, dass ich Mühe hatte, ihrem Gespräch zu folgen.

»Ja, das Auto vom Langholzer Peter fährt verdächtig oft hinauf zum Hirschegghof«, wisperte die erste Frau.

»Vom Langholzer Peter? Dem Zimmermann aus Oberried?«, flüsterte die zweite.

»Genau der.«

»Der wird da oben zu arbeiten haben.«

»Das glaub ich auch«, kicherte die erste. »Seit drei Jahren arbeitet er auf derselben Baustelle! Und auffälligerweise immer erst nach Einbruch der Dunkelheit.«

»Was du nicht sagst! Woher weißt das so genau?«

»Ich seh doch immer, wenn er bei uns vorbeifährt. Und meist ist's nach Mitternacht, wenn er wieder zurückkommt.«

Mehr erfuhr ich leider nicht. Die Schlange war inzwischen so weit vorgerückt, dass die erste der Klatschbasen drankam. Mir genügte aber, was ich erlauscht hatte. So lief der Hase also! Mir drängte sich nur die Frage auf: Wieso duldete die alte Steinerin das unter ihrem Dach?

Es sollten noch anderthalb Jahre vergehen, bis ich eine Antwort darauf erhielt.

Es war wieder Winter, Mitte Dezember, und selbst im Tal lag eine festgefahrene Schneedecke auf den Straßen. Am frühen Abend – die Dunkelheit war schon voll hereingebrochen – fuhr ein Schlitten bei uns vor. Mit Mühe konnte ich im Schein der Straßenlaterne ausmachen, dass es der vom Hirschegghof war. Wieso kommt der mit dem Schlitten, wunderte ich mich. Die besitzen da droben doch seit einiger Zeit ein Auto. Mit eigenen Augen hatte ich die Susanne damit durchs Dorf flitzen sehen, und mit Schneeketten wäre die Straße gewiss leicht zu passieren gewesen. Während ich ganz automatisch meinen Mantel überzog und nach meiner Tasche griff, dämmerte es mir: Die Jungbäuerin war gewiss die Einzige, die einen Führerschein besaß, und die lag vermutlich abermals in den Wehen.

Mein »Chauffeur«, der Altknecht, war ebenso schweigsam wie sonst, als er mich zum Hof brachte. Diesmal dauerte es wesentlich länger, bis sich das Kind bequemte, auf die Welt zu kommen. Folglich blieb der Josefine und mir genügend Zeit für das eine oder andere Haferl Kaffee, wobei wir lebhaft plauderten, jedoch nur über belanglose Dinge.

»Was machen denn die lieben Kleinen?«, erkundigte ich mich, als das Gespräch ins Stocken zu geraten drohte. »Die sind allesamt putzmunter, Gott sei Dank«, gab mir die Oma Auskunft. »Während der Knecht dich abgeholt hat, hab ich sie schnell ins Bett verfrachtet, damit sie uns nicht im Weg umgehen. Der Alois versteht schon ganz gut, dass wieder ein neues Geschwisterl kommt. Er ist schon sehr gespannt darauf, was es diesmal wird.«

Gegen Mitternacht war es dann so weit: Ein kerngesundes Mädchen begrüßte die Welt mit einem Schrei.

»Wie soll es heißen?«, fragte ich die junge Mutter, als ich endlich dazu kam, meinen schriftlichen Kram zu erledigen. Die Schwiegermutter hatte sich, nachdem sie mir noch eine Kanne Kaffee hingestellt hatte, bereits zurückgezogen. »Wachen kannst auch allein, Nanni, das bist ja gewohnt. Ich will sehen, dass ich noch ein paar Stunden Schlaf krieg. Man ist schließlich nicht mehr die Jüngste, und ab sechs Uhr ist die kleine Schar wieder munter.«

»Josefine soll's heißen«, beantwortete die Susanne meine Frage. Bei dieser Antwort muss ich unwillkürlich die Augenbrauen fragend gehoben haben.

»Brauchst gar nicht so zu schauen, Nanni, hast schon richtig gehört. Das weiß ich auch, dass die

Josefine nicht die richtige Oma ist, aber sie tut so viel für meine Kinder, dass ich ihr diese Geste einfach schuldig bin.«

Für das Neugeborene trug ich also den Namen Josefine in mein Tagebuch ein, und bei Vater schrieb ich wie gehabt »unbekannt«. Damit, dachte ich, sei alles erledigt und es werde eine schweigsame, langweilige Nacht werden. Unvermittelt aber fing meine Wöchnerin an zu reden: »Du hast nie gefragt, wie ich zu den Kindern gekommen bin. Das find ich sehr anständig von dir.«

»Was heißt hier anständig?«, wehrte ich ab. »Es steht mir nicht zu, mich als Moralrichter aufzuspielen. Aber da du dieses Thema schon mal angeschnitten hast, will ich dir ganz ehrlich meine Meinung sagen. Du bist eine erwachsene Person und kannst dein Leben so gestalten, wie du das für richtig hältst. Was mich nur wundert, dass deine Schwiegermutter das Spielchen so klaglos mitmacht.«

»Ja, ein Spielchen ist's schon, da hast ganz recht. Anfangs haben wir Katz und Maus miteinander gespielt. Aber ganz schnell ist die eine der anderen auf die Schliche gekommen. Seitdem spielen wir mit offenen Karten. Das ist für beide Seiten besser.«

Da ich von dieser ganzen Rede kein einziges Wort verstand, hakte ich nach: »Susanne, da du von dir aus auf dieses Thema zu sprechen gekommen bist, wär's mir schon recht, wenn du dich deutlicher ausdrücken tätest.«

Sie lachte: »In Ordnung, Nanni. Nun ist der Stein schon mal im Rollen, da will ich ihn auch nicht aufhalten.«

»Du sprichst ja schon wieder so verklausuliert.«

»Tut mir leid, Nanni.« Sie lachte und erzählte mir dann die ganze Geschichte.

Die Schwiegermutter hatte schon bald, nachdem der Altknecht eingestellt worden war, ein Verhältnis mit ihm angefangen, natürlich streng geheim. Und sie, die Susanne, habe zufällig einen Mann kennengelernt und gemerkt, dass sie mit ihren zweiundzwanzig Jahren noch zu jung gewesen sei, um enthaltsam zu leben. Da sie sich jedoch nicht traute, der Josefine, die doch gerade den Sohn verloren hatte, einen Liebhaber zu präsentieren, gab sie sich alle erdenkliche Mühe, ihn heimlich ins Haus zu schleusen, ohne dass jemand etwas merkte. Was auf Dauer wenig ersprießlich war. »Für uns beide lebt es sich viel einfacher, seit wir die Karten auf den Tisch gelegt haben. Ich akzeptiere ihr Verhältnis und sie das meine. Da sie sehr kinderlieb ist, nimmt sie es nicht nur in Kauf, dass noch Kinder gekommen sind, nein, sie freut sich ehrlich darüber und liebt die Kleinen, wie eine leibliche Großmutter es nicht besser könnte.«

Schweigend hatte ich mir den Bericht der jungen Frau angehört. »Meinst nicht, dass du jetzt genug Kinder hast?«, fragte ich unverblümt, nachdem sie geendet hatte.

»Ja, schon«, meinte sie. »Aber was soll ich machen? Die Pille vertrag ich nicht. Ich hab's schon versucht.«

»Willst dich nicht unterbinden lassen?«, schlug ich vor und beschrieb ihr, wie und wo so etwas gemacht wird.

»Ja, vielleicht«, bekundete sie Interesse. »Aber es ist immerhin ein Eingriff...«

»Freilich, aber willst wirklich noch das Dutzend vollmachen?«

»Um Gottes Willen, nein. Vielleicht noch eins, wenn's sich ergeben sollte, aber dann reicht's mir wirklich.«

»Wie du meinst. Kannst es ja noch mal drauf ankommen lassen. Aber dann, sobald du Wehen kriegst, ab ins Spital. Denen erzählst schon bei der Ankunft, dass du unterbunden werden möchtest. Das geht mit der Entbindung in einem Aufwasch, ohne dass du viel davon merkst.«

Dieser Rat schien ihr zu gefallen.

»Da wir nun schon so viel geredet haben, verrätst mir vielleicht noch, wer der Kindsvater ist, oder gibt es deren mehrere?«

»Nanni, wo denkst denn hin! Mehrere gibt's gewiss nicht. Es ist schon immer derselbe, der kommt. Aber den wirst nicht kennen. Der ist nicht von hier.«

»Im Ort tuschelt man, dass es der Langholzer Peter von Oberried ist.«

Vor Überraschung blieb ihr der Mund offen stehen.

»Demnach stimmt's, was die Leut erzählen«, versuchte ich, weiter in sie zu dringen.

»Stimmt«, gab sie zu. »Ich hätt aber nicht gedacht, dass es schon die Runde gemacht hat. Kennst den Langholzer Peter vielleicht?«

»Nicht direkt, bloß vom Sehen. Ich hab noch nichts mit ihm zu tun gehabt. Er soll ein sehr tüchtiger Zimmerer sein.«

»Das ist er«, bestätigte sie. »Vor fünf Jahren hat er bei uns gearbeitet. Da hat's angefangen.«

»Hast nicht gewusst, dass er verheiratet ist?«

»Nein, woher denn? Erst als ich ihm erzählte, dass ich schwanger bin – in der Hoffnung natürlich, dass er mich heiratet –, rückte er damit raus.«

»Da wär noch Zeit genug gewesen, mit ihm Schluss zu machen«, spielte ich nun doch, ganz wider Willen zwar, den Moralapostel.

»Du wirst lachen, ich hab's versucht. Ich hab ihm gesagt, dass er nicht mehr zu kommen braucht. Ein paar Wochen hat er sich dran gehalten. Dann stand er wieder vor meiner Tür. Er hat mich so treuherzig angeschaut, da hab ich ihn wieder reingelassen. Und dann hat er mir von seiner Ehe erzählt.«

Sie legte eine Atempause ein, und ich wartete geduldig, dass sie weitersprach.

»Seine Ehe sei sehr unglücklich, klagte er. Ein Kind hat er mit seiner Frau, einen Buben, der schon erwachsen ist. Seit dessen Geburt, die wohl eine sehr schwierige gewesen sein muss, hat sie ihn nicht mehr rangelassen. Was er denn machen solle, hatte er sie gefragt, schließlich sei er doch noch jung und brauche das. Ist mir egal, habe sie darauf geantwortet. ›Hol's dir, wo du es kriegen kannst, bei mir jedenfalls nimmer.‹ Was blieb ihm da übrig? Er ist halt mal zu dieser und mal zu jener gegangen. Die eine oder die andere muss auch ein Kind von ihm haben.«

»Und das stört dich überhaupt nicht?«, wunderte ich mich.

»Ein bisserl schon. Aber er ist ein so guter Liebhaber, dass ich darüber wegsehen kann. Außerdem, ich mag auch nicht immer allein sein. Und einen Fremden hier einheiraten lassen, das ist nichts. Der Alois soll doch mal den Hof übernehmen.«

»Irgendwie kann ich dich schon verstehen. Aber dass du dir ein Kind nach dem andern machen lässt, das begreif ich nicht.«

»So tragisch ist das net. Wär mein Mann am Leben geblieben, hätten wir genauso mehrere Kinder bekommen. Kinder gehören für mich zum Leben, und außerdem zahlt der Peter pünktlich für ein jedes von ihnen.«

Nach gut zwei Jahren war es bei der Susanne erneut so weit. Sie ließ jedoch nicht mich rufen, sondern begab sich ohne Umweg ins Krankenhaus. Von dort kam sie mit einem weiteren Buben zurück, dem Paul. Danach wurden meine Dienste auf dem Hirschegghof nicht mehr benötigt – die Jungbäuerin hatte wohl meinen Rat befolgt.

Viele Jahre später kam ich an einer Baustelle vorbei, vor der sich zwei Frauen unterhielten, die ich vor längerer Zeit entbunden hatte. Der Rohbau stand bereits, und die Zimmerleute waren gerade dabei, das Dachgebälk zu legen. Neugierig, wie ich war, blieb ich bei den beiden stehen und fragte: »Wer baut denn da?« Erstaunt fragten sie zurück: »Ja, weißt das denn nicht? Der Langholzer Peter. Dieses Haus soll für seinen Sohn Peter sein, den Buben von der Steiner Susanne. Für die ältere Tochter hat er bereits letztes Jahr eins in Oberach hingestellt.«

»Nobel«, war mein Kommentar, »sehr nobel von ihm.«

»Das ist nicht alles«, wussten die beiden Frauen zu berichten, froh darüber, jemanden gefunden zu haben, der die Neuigkeiten noch nicht kannte. »Für einige seiner anderen ledigen Kinder hat er auch Häuser gebaut.« Mir verschlug es für Sekunden die Sprache, weil ich daran denken musste, dass wir es nur mit Mühe und Not zu einem einzigen Haus gebracht hatten. »Dass der sich das leisten kann«, stellte ich verblüfft fest.

»Freilich kann sich der das leisten. Der hat doch ein gut gehendes Zimmereigeschäft in Oberried und ist ungeheuer fleißig«, klärte mich eine der Frauen auf. »Der schafft Tag und Nacht«, ergänzte die andere. »Nein, nachts glaub ich nicht«, grinste die erste süffisant, »da hat er was Besseres zu tun.«

Ich dankte für die Informationen und ging meiner Wege.

Wieder hörte ich eine ganze Weile nichts von den Bewohnern des Hirschegghofes oder dem Langholzer Peter.

Dann hieß es eines Tages, die alte Bäuerin, die Steiner Josefine, sei gestorben. Für mich war es eine Selbstverständlichkeit, mit ihrer Beerdigung zu gehen. Anschließend kam ich mit ihrer Schwiegertochter, der Susanne, ins Gespräch. Natürlich sprach man zunächst über die letzten Lebenstage der Verstorbenen, dann aber interessierte es mich als Hebamme doch, was aus den Kindern geworden war, denen ich vor langer Zeit auf die Welt geholfen hatte.

Ihr erster Sohn, der Alois, war seit einem halben Jahr verheiratet und bereits Bauer auf dem Hirschegghof – und die Susanne somit die neue Altbäuerin. »Ja, Nanni, so schnell geht das. Ich mein, es wär grad gestern gewesen, dass ich als junge Frau da droben eingezogen bin.«

Susanne, die ältere Tochter, erfuhr ich, war seit drei Jahren verheiratet, hatte aber bisher keine Kinder. Sohn Peter, ebenfalls verheiratet, wohnte in dem Haus, vor dessen Rohbau ich seinerzeit gestanden hatte. Nur die beiden Jüngsten, die Josefine und der Paul, lebten noch bei der Mutter. Allerdings nicht mehr für lange, denn auch für sie waren bereits eigene Häuser im Bau.

Seitdem mochte ein gutes Jahr vergangen sein, als ich einen nächtlichen Anruf erhielt. Ich solle zur Entbindung eines ersten Kindes kommen. Die Adresse, die man mir nannte, sagte mir zunächst nichts, kaum aber stand ich vor dem Gebäude, erkannte ich darin den Rohbau von damals wieder. Der besorgte werdende Vater war kein anderer als Peter, der gemeinsame Sohn von der Steiner Susanne und dem Langholzer Peter. Die übliche Erstuntersuchung ergab, dass alles in Ordnung war und wir eine normale Geburt erwarten konnten. Weil das jedoch noch dauern würde, wollte ich den nervösen, müden Vater ins Bett schicken, doch davon wollte der nichts wissen. Er gehörte eindeutig zu einer neuen Generation von Vätern, die sehr viel besorgter um ihre Frauen waren und viel stärker Anteil nahmen als die Männer früher, die in der Geburt eines Kindes oft nur einen weiteren Anlass gesehen hatten, sich in der Wirtschaft vollllaufen zu lassen.

Peter leistete also seiner Frau und mir Gesellschaft und kochte in seiner rührenden Besorgnis eine Tasse Kaffee nach der anderen für mich. Zwischendurch plauderten wir über dieses und jenes und kamen auch auf seinen Beruf zu sprechen. Er war Verwaltungsangestellter und pendelte täglich in die nahe Kleinstadt. Zu gern hätte ich gewusst, ob sein Vater Kontakt zu ihm unterhielt, traute mich aber nicht zu fragen. Stattdessen wollte ich wissen, wie es seiner Mutter ging. Da kam er geradezu ins Schwärmen: Sie freue sich unbändig auf das erste Enkelkind und könne dessen Ankunft kaum erwarten, zumal sich sein älterer Bruder, der Alois, in dieser Hinsicht ebenso wenig Geschick mache wie seine Schwester Susanne. Dabei sei der Alois schon über anderthalb Jahre verheiratet und die Susanne sogar schon vier. Die Mutter habe sich spontan bereit erklärt, die Wöchnerin und das Neugeborene zu betreuen. Gleich morgen, wenn das Kind da sei, werde er sie anrufen. »Weißt, Nanni, das lenkt sie ein bisschen von ihrem Schmerz ab.«

»Von welchem Schmerz?«, fragte ich ahnungslos.

»Ja, mein Vater ist doch vor sechs Wochen gestorben.«

Davon hatte ich absolut nichts mitbekommen, obwohl das Tagesgespräch im Tal gewesen sein musste. Vermutlich war es während meines dreiwöchigen Fortbildungslehrgangs passiert. So schnelllebig war unsere Zeit – heute toppaktuell, nach drei Wochen keiner Erwähnung mehr wert.

In den frühen Morgenstunden kam ein zierliches Mädchen, ein ganzes Stück unter dreitausend Gramm, zur Welt, doch es war offensichtlich gesund. Zu Ehren seiner Großmutter erhielt es den Namen Susanne. Als ich am Abend zur ersten Wochenpflege in Peters Haus erschien, konnte ich gleich die frischgebackene Oma beglückwünschen, die übers ganze Gesicht strahlte. Lachend sagte sie: »Gell, das hättest auch nicht gedacht, dass wir zwei uns noch mal am Wochenbett treffen?« Ernster werdend fügte sie hinzu: »Schad, dass der Peter das nimmer erleben durfte. Er wünschte sich so sehr eine Enkelin, weil sein ehelicher Sohn nur drei Buben hat.«

Der Langholzer Peter war ganz überraschend gestorben. Seine Frau habe ihn morgens tot im Bett gefunden, erzählte die Susanne. Herzinfarkt. Achtundsechzig Jahre sei er gewesen, vermutlich habe er sich in letzter Zeit zu viel zugemutet. In seinem Ehrgeiz, jedem seiner Kinder ein Haus hinzustellen, hatte er sich offensichtlich übernommen. Es war dann eine riesige Beerdigung in Oberried. An seinem Grab standen nicht weniger als vierzehn leibliche Kinder, die alle ehrlich um ihn getrauert hätten, beendete die Susanne ihren Bericht. Ich sprach ihr mein aufrichtiges Mitgefühl aus und dachte im Stillen, was war der Langholzer Peter doch für ein fleißiger Mann. In jeder Hinsicht.

Glück gehabt

In einer kalten Winternacht in meinem zweiten Jahr als Hebamme wurde ich durch ein stürmisches Klingeln aus dem Schlaf gerissen. »Schnell, schnell!«, trieb mich der Besucher zur Eile an, als ich schlaftrunken im Morgenmantel an der Haustür erschien. Das kannte ich schon – bestimmt wieder so ein nervöser Erstlingsvater, obwohl er nicht mehr der Jüngste zu sein schien. Aber die waren am schlimmsten, die rannten gleich bei der ersten Wehe los in der Annahme, das Kind käme innerhalb der nächsten halben Stunde. »Nun, gar so sehr wird's doch nicht pressieren«, versuchte ich den Mann zu beruhigen. »Wer bist du überhaupt?«

»Ich bin der Guggenbichler Theo von Oberach. Aber geh weiter, red net lang …«

»Das wievielte Kind ist es denn?«, fragte ich vorsichtshalber nach. »Das siebte«, gab er kurz und bündig Auskunft, woraufhin ich die Lage natürlich anders einschätzte.

»Seit wann hat deine Frau Wehen?«, erkundigte ich mich hastig.

»Seit zwei Uhr etwa.«

»Seit zwei Uhr?« Für einen Moment verschlug es mir die Sprache. Jetzt war es fast Mitternacht! »Und da ist dir nicht früher eingefallen, mich zu rufen!?«

Die Antwort wartete ich nicht mehr ab. Ich stürzte in meine Kammer und warf mich in Windeseile in die

Kleider, in einer Geschwindigkeit, die selbst für eine Hebamme rekordverdächtig war.

Zum Glück hatte ich es mir inzwischen angewöhnt, alle Sachen abends griffbereit hinzulegen, sodass ich mich mit geschlossenen Augen hätte anziehen können. Keine Minute dauerte diese Aktion, da stand ich gestiefelt und gespornt vor dem Bauern. Der riss mir den Koffer aus der Hand, rannte zu seinem Schlitten, schubste mich hinein und schnalzte mit der Zunge. Schon trabte das Ross los, in südlicher Richtung aus dem Dorf hinaus. Nachdem die ersten Häuser von Oberach erreicht waren, bogen wir rechts ab in ein Seitental, das erst allmählich, später stärker anstieg, aber immer nur so viel, dass das Pferd es ohne Probleme schaffte.

Da mein Begleiter von sich aus den Mund nicht mehr aufmachte, wiederholte ich meine Frage von vorher in ärgerlichem Ton: »Wieso bist nicht eher auf die Idee gekommen, mich abzuholen?«

»Ja mei, die Frau hat halt gemeint, es bringt nichts, wennst stundenlang bei uns rumhängst. Außerdem hatte sie zu tun.« Das hatte er so treuherzig vorgebracht, dass meine Wut verrauchte. »Was gab's denn bei euch so Wichtiges zu tun?«, erkundigte ich mich leicht amüsiert.

»Ja mei, wennst sechs Kinder hast, gibt's alleweil was zu tun. Außerdem musste sie Platzerl backen für Weihnachten. Ist ja nimmer lang bis zum Fest. Und wenn sie erst mal im Wochenbett liegt, dann kriegt sie das nicht mehr geschafft.«

Es war halb eins, als wir auf dem Haselhof, dem Besitz des Guggenbichlers, ankamen. Gottlob, das

Kind war noch nicht da, doch die Wehen kamen mittlerweile in kürzesten Abständen. Da die Lydia bereits sechs Entbindungen hinter sich hatte, konnte ich davon ausgehen, dass anatomisch so weit alles in Ordnung war, und beschloss, auf das Messen mit dem Beckenzirkel zu verzichten. Unerlässlich war es trotz der Eile, den Bauch abzutasten und abzuhorchen.

Dabei fiel mir sogleich eine etwa zwölf Zentimeter breite, quer verlaufende Narbe im unteren Bauchbereich auf.

»Was hast denn da?« Ich ahnte Böses.

»Ach, da haben sie mal einen Kaiserschnitt gemacht«, gab sie lässig zur Antwort, als ob es sich um einen Schnitt in den kleinen Finger handelte.

Bei mir aber schrillten jetzt alle Alarmglocken. »Wieso erfahr ich das erst jetzt?«

»Wieso ist denn das wichtig für dich?«, fragte sie zurück.

»Nach einem Kaiserschnitt darf ich dich nicht als Hausgeburt annehmen. Da musst du ins Spital.«

»Warum?«

»Es könnt ja sein, dass du wieder einen Kaiserschnitt brauchst. Aber wie ich sehe, ist es dafür bereits zu spät.«

Die Geburt war schon so weit fortgeschritten, dass man die Kreißende nicht mehr hätte transportieren können. Eines musste ich allerdings noch wissen: »Warum ist der Kaiserschnitt gemacht worden?«

»Weil das Kind quer lag.«

Sorgfältig tastete ich den Bauch ab. »Da fehlt diesmal nichts. Es scheint, dass das Kind eine normale Hinterhauptlage ist.«

Dennoch darf ich nach einem Kaiserschnitt eine Frau eigentlich nicht nehmen, weil bei einer nachfolgenden Geburt meist eine Nachtastung nötig wird. So nennt man das, wenn manuell kontrolliert werden muss, ob die Nachgeburt völlig heraußen ist. Das aber darf nur ein Arzt machen. Bei einer Geburt, die auf einen Kaiserschnitt folgt, besteht nämlich die Gefahr, dass ein Teil der Plazenta an der inneren Operationsnarbe hängen bleibt.

»Hast nach dem Kaiserschnitt schon wieder eine normale Entbindung gehabt?«, wollte ich wissen.

»Nein, der Kaiserschnitt war beim letzten Kind. Das ist mittlerweile zwei.«

Auch das noch! Alle guten Geister und Heiligen steht mir bei! Nach diesem Stoßgebet setzte ich mein optimistischstes Lächeln auf und sagte: »Packen wir's!«

Um Viertel nach eins erfolgte der Blasensprung. Dann ging es Schlag auf Schlag, Presswehe folgte auf Presswehe, die Mutter arbeitete gut mit, und zehn Minuten später war das Kind da. Ein Mädchen, bei dem alles völlig im Normbereich lag – Größe und Gewicht ebenso wie der erste Schrei. Ich nabelte es ab und legte es, in ein Frotteetuch gehüllt, der Mutter in den Arm.

»Na, siehst Nanni, hast es doch hingekriegt. Da fehlt sich nichts.«

Gegen besseres Wissen nickte ich und ließ sie in diesem Glauben. Um das Kind hatte ich mir keine Sorgen gemacht, sondern um die Mutter – wegen der Nachgeburt, und dieses Problem war noch nicht vom Tisch. Wenn die Plazenta sich nicht rechtzeitig oder nicht vollständig löste, mussten wir doch noch den Arzt kommen lassen oder die Lydia irgendwie ins Spital schaffen. Aber was rede ich lange herum? Innerhalb der Normzeit war auch die Nachgeburt da, vollständig und ohne jegliche Unebenheit. Jetzt konnte ich wirklich aufatmen.

»Lydia, wir müssen dem Herrgott danken, denn wir haben ein Sauglück gehabt. Es hätt genauso schiefgehen können«, sagte ich und erklärte der Bäuerin auch warum. Auch wenn diesmal nichts passiert war – ich schärfte der Lydia ein, auf weiteren Nachwuchs lieber zu verzichten, da jede Geburt nach einem Kaiserschnitt ein erhöhtes Risiko bedeutet. Ich weiß nicht, ob es meine Mahnung war oder ob die Vorsehung die Hand im Spiel hatte – bei den Guggenbichlers ist es bei den sieben Kindern geblieben.

Ein rätselhafter Unfall

Zu der Zeit, als mein Entbindungszimmer schon lange zur gefragten und beliebten Einrichtung in Kirchfeld geworden und ich seit Jahren stolze Autobesitzerin war, erreichte mich weit nach Mitternacht ein Anruf. Eine klägliche Stimme meldete sich: »Nanni, hol mich bitte ab, ich steh am Bahnhof in Oberach.«

Obwohl sie mich zu kennen schien, wusste ich nicht, wer sie war. »Ja, wer ist denn da?«, fragte ich, denn ich konnte schließlich nicht jede Frau in meinem Sprengel an der Stimme erkennen.

»Die Dessauer Sefa bin ich.«

»Ja, Sefa, was tust denn du in der Früh um halb drei am Bahnhof?«, fuhr ich sie an und hätte beinahe noch hinzugefügt: »Ich bin doch kein Taxiunternehmen.«

Ehe ich unhöflich werden konnte, kam sie mir mit ihrer Antwort zuvor: »Das nächste Telefon von uns aus ist am Bahnhof. Ich hab starke Wehen und will bei dir entbinden.«

»Wieso hast deinen Mann nicht geschickt?«

»Frag nicht, Nanni! Der hat einen solchen Rausch, dass er nicht ansprechbar ist.«

Ja, das war auch wieder einer von der Sorte, die ich leiden konnte. Bei der Sefa war Eile geboten, das wusste ich, denn ich hatte bereits ihre beiden letzten Kinder auf die Welt geholt, während sie die beiden ersten noch bei meiner Vorgängerin bekommen hatte.

Zu Fuß wieder nach Hause gehen, die zwanzig Minuten würde sie nicht mehr schaffen – deshalb sagte ich: »Bleib, wo du bist. Ich komm sofort.«

Wie so oft zog ich mich in Windeseile an, schnappte meine Tasche und stürzte hinaus zu meinem Auto. Glücklicherweise war um diese Zeit wenig Verkehr auf den Straßen, sodass ich ordentlich Gas geben konnte. Acht Kilometer waren's von Kirchfeld bis nach Oberach. Nach etwa fünf Kilometern erkannte ich ein Auto vor mir. Während ich überlegte, ob sich das Überholen noch lohne, geriet der offenbar vollbesetzte Wagen ins Schlingern, kam von der Straße ab und landete mit den Rädern nach oben im Straßengraben. Eine verzwickte Situation für mich: Sollte ich anhalten und den verunglückten Insassen helfen oder so schnell wie möglich weiterfahren zu meiner Schwangeren, die mich dringend brauchte, weil jeden Moment ihr Kind kommen konnte? Weit und breit war kein anderer Mensch zu sehen. Blitzschnell fasste ich einen Entschluss: Ich würde weiterfahren und vom nächsten Telefon Hilfe herbeirufen – nicht weit von hier gab es einen Gasthof – da wären Polizei und Rettung rasch zur Stelle. Entschlossen drückte ich wieder voll aufs Gas und erreichte nach wenigen Minuten das Wirtshaus. Doch dort schienen alle im Dornröschenschlaf zu liegen. Lautstark machte ich mich bemerkbar, bis schließlich das Hoflicht aufflammte und aus fast jedem Fenster ein verschlafener Kopf herausschaute. Unwillig fauchte der Wirt mich an: »Bist wohl narrisch geworden, du weckst mir ja sämtliche Gäste auf.«

Ohne mich auf eine Diskussion einzulassen, rief ich ihm zu: »Du musst sofort die Gendarmerie und die

Rettung benachrichtigen. Nicht weit von hier, auf der linken Seite in Richtung Kirchfeld, ist ein Unfall passiert. Im Straßengraben liegt ein PKW auf dem Dach. Ich muss weiter zu einer Entbindung.«

Schon brauste ich wieder davon. Die Telefonzelle am Bahnhof war schnell gefunden, jedoch von meiner Schwangeren sah ich keine Spur. Weder in noch neben noch vor der Zelle war etwas zu entdecken. Wo sollte ich die Sefa jetzt bloß finden? Falls sie sich trotz meiner Anweisung auf den Heimweg begeben hatte, konnte ich lange suchen, denn es führten mehrere Wege in die Richtung ihres Wohnhauses. Mit meinen Scheinwerfern leuchtete ich den ganzen Bahnhofsvorplatz ab.

Gott sei Dank! Da stand sie, sich verzweifelt an einen Laternenmast klammernd.

»Gott sei Dank, da bist ja endlich«, empfing sie mich, »wir müssen noch zu mir nach Hause meine Tasche holen.«

»Ja, meinst, wir schaffen das noch?«, fragte ich skeptisch.

»Das geht schon«, antwortete sie tapfer. Ich lud sie ein und fuhr zu ihrer Wohnung, schneller als die Polizei erlaubt. Dort schnappte ich mir ihre Tasche, die gepackt hinter der Tür stand, und saß schon wieder hinterm Steuer, um wiederum mit Vollgas nach Kirchfeld zu fahren. »Schön durchschnaufen«, ermahnte ich immer wieder die Schwangere an meiner Seite, »wir sind bald da.«

Obwohl wir es brandeilig hatten, nahm ich an der Stelle, wo ich kurz zuvor den Unfall beobachtet hatte, die Geschwindigkeit etwas zurück. Komisch, es war absolut nichts mehr zu sehen. Sollte die Unfallstelle in so kurzer Zeit geräumt worden sein, dachte ich, schob diese Gedanken jedoch schnell beiseite, denn ich hatte mich im Moment schließlich auf Wichtigeres zu konzentrieren. Vielleicht war es ja ganz einfach so, dass ich in der Dunkelheit und bei meinem schnittigen Tempo die Unfallstelle übersehen hatte.

Wir schafften es mit letzter Not, bevor ich eine Entbindung im Auto vornehmen musste. Als wir ins Haus gingen, musste ich die Sefa stützen. Sie war nämlich voll damit beschäftigt, die Beine zusammenzupressen, damit das Kind nicht unterm Gehen herausrutschte. Unnötig zu betonen, dass von irgendwelchen Geburtsvorbereitungen keine Rede mehr sein konnte. Kaum dass ich der Sefa aufs Bett geholfen und ihr den Schlüpfer heruntergerissen hatte, musste ich das Kind schon mit meinen unsterilen Händen auffangen – einen kleinen Buben, der sofort zu schreien begann, was das Zeug hielt. Weil ich mir zumindest vor dem Abnabeln erst einmal die Hände waschen wollte, legte ich den Kleinen samt Nabelschnur seiner Mutter auf den Bauch.

Sobald die Wöchnerin und ihr Neugeborenes wohlversorgt und wohlverpackt in ihren Betten lagen, machte ich die Eintragungen ins Tagebuch, räumte das Entbindungszimmer auf, kochte die Instrumente aus, damit ich meine Tasche wieder vorschriftsmäßig packen konnte. Man wusste ja nie, wann der nächste Einsatz fällig war. Erst nachdem alles erledigt war und ich am Bett meiner Wöchnerin Wache hielt, kam mir der nächtliche Unfall wieder in den Sinn. Irgendetwas stimmte da nicht. Ich beschloss, am nächsten Morgen die Strecke erneut abzufahren. Da musste doch etwas zu sehen sein!

Doch vorher geschah Verwirrendes. Kaum hatte ich eine halbe Stunde in meinem Bett gelegen, riss mich die Türklingel brutal aus dem Schlaf. Lieber Gott, lass nicht schon wieder ein Kind im Anmarsch sein! Ich bin noch so müde, schickte ich ein Stoßgebet zum Himmel. Dann streckte ich den Kopf aus dem Fenster und entdeckte vor meiner Tür zwei Männer in blauer Uniform. Ich kannte sie nicht, aber dass sie zur Gendarmerie gehörten, war unübersehbar. Was können die nur bei mir wollen, überlegte ich und ging in Sekundenschnelle mein Sündenregister durch. War ich in der Nacht bei zu schnellem Fahren geblitzt worden? Hatte ich in letzter Zeit mal im Halteverbot geparkt? Oder ging es um eins der Kinder, das etwas angestellt hatte? Doch wegen solcher Lappalien würde kein Ordnungshüter zu so früher Stunde klingeln!

»Moment, ich komm sofort«, rief ich den beiden zu. Hastig warf ich mir einen Morgenmantel über und bat die Uniformierten in meine Stube. »Was verschafft mir die Ehre?«, fragte ich betont salopp, um mir nicht anmerken zu lassen, dass mich ihr Besuch beunruhigte.

»Haben Sie heute Nacht eine Unfallmeldung durchgeben lassen?«

Ein Stein fiel mir vom Herzen, und in meiner Erleichterung, dass es nicht um irgendein Vergehen meinerseits ging, sah ich die beiden gleich in einem freundlicheren Licht. Wie nett von ihnen, extra vorbeizuschauen, um mir für mein umsichtiges Verhalten ein Lob auszusprechen, dachte ich und setzte ein erwartungsvolles Lächeln auf. Aber von wegen Belobigung!

»Was haben Sie da in der Nacht für einen Blödsinn geredet?«, rügte mich der ältere Beamte.

»Wie kommen Sie dazu, die Gendarmerie dermaßen irrezuführen?«, schnarrte der Jüngere.

Ich schnappte nach Luft wie ein Karpfen auf dem Trockenen. »Was heißt hier irrezuführen?«, fragte ich verdattert. »Ich weiß nicht, wie der Wirt das an Sie weitergeleitet hat. Ich jedenfalls hab ihm ganz deutlich erklärt, dass nicht weit vom Gasthaus, auf der linken Seite in Richtung Kirchfeld, ein PKW mit den Rädern nach oben im Graben liege.«

»Stimmt. Genauso hat er es durchgegeben«, bestätigte der Ältere.

»Dann ist ja alles in bester Ordnung«, stellte ich erleichtert fest.

»Nichts ist in Ordnung«, blaffte mich der der Jüngere an. »An der angegebenen Stelle war nichts.«

»Vielleicht haben Sie auf der falschen Seite geschaut? Ich meinte links in Richtung Kirchfeld, rechts in Richtung Oberach.«

»Genau von der Seite sind wir gekommen. Da wir auf der linken Seite nichts fanden, haben wir zur Sicherheit auch auf der rechten einige hundert Meter abgeleuchtet«, wurde ich von dem Älteren belehrt.

»Man weiß ja, dass Frauen manchmal rechts und links verwechseln«, fügte der Jüngere mit süffisantem Grinsen hinzu. Am liebsten hätte ich ihm dazu etwas erzählt, aber ich hielt lieber an mich, um diese humorlosen Gesetzeshüter nicht noch mehr gegen mich aufzubringen. »Also, das versteh ich nicht. Ich hab doch deutlich gesehen, wie das Fahrzeug ins Schlingern geriet, auf den Graben zusteuerte und sich überschlug.

Im Vorbeifahren konnte ich erkennen, dass die Räder sich noch drehten.«

»Ja, gute Frau, da war nichts.«

»Meinen Sie, dass ich spinne und mir das bloß eingebildet hab?«

»Nein, ganz und gar nicht«, wies mich der Jüngere von oben herab zurecht. »Ich geh davon aus, dass Sie uns bewusst irregeführt haben.«

»Das wird ja immer schöner!«, brauste ich auf, selbst auf die Gefahr hin, dass ich es mir nun vollends mit ihnen verscherzte. »Meinen Sie, wenn ich nachts um drei Uhr unterwegs bin, um am Bahnhof eine Schwangere abzuholen, die starke Wehen hat, dann käme ich noch auf die Idee, aus lauter Gaudi in einem Gasthaus alle Leute aufzuwecken und die Gendarmerie bewusst irrezuführen?«

»Kann es vielleicht sein, dass Sie unter Alkoholeinwirkung standen?«, fragte mit lauerndem Blick der jüngere Beamte.

»Das glauben Sie doch nicht im Ernst? Sie wissen mit Sicherheit, wie es bei einer Hebamme zugeht. Da kann jeden Moment ein Anruf kommen, dass ich zu einer Entbindung muss. Und bei diesem Anlass sollte man stocknüchtern sein, einmal abgesehen von der Autofahrt. Ich kann's mir nicht einmal leisten, bei Festen und Familienfeiern etwas zu trinken. Sie würden doch auch bei Ihrer Frau keine Hebamme haben wollen, die keinen klaren Kopf hat.«

Die beiden Beamten schauten etwas betreten drein, weil sie sich in ihrem Eifer etwas zu weit vorgewagt hatten. »Na ja, dann müssen wir das mit der absichtlichen Falschmeldung wohl fallen lassen«, lenkte der

Ältere ein. »Und dass Sie nicht trinken, das glaub ich Ihnen auch. Deshalb sehen wir mal von einer Strafanzeige ab. Doch Gott allein weiß, was Sie da gesehen haben und was Sie für einen Unfall hielten.«

Innerlich kochte ich vor Wut. Am liebsten hätte ich ihnen entgegengeschleudert: ›Das hat man nun davon, wenn man seiner Bürgerpflicht nachkommt und helfen will! Jetzt meint man noch, ich spinne!‹ Es schien mir aber ratsamer, den Mund zu halten. Lieber war es mir schon, dass sie mich für verrückt hielten, als dass sie mich zu einer Strafe verdonnert hätten. Freundlich lächelnd und mich entschuldigend geleitete ich die Herren zur Tür. An Schlaf war eh nicht mehr zu denken. Dazu war ich zu sehr aufgewühlt. Immer wieder versuchte ich, mir die Szene ins Gedächtnis zurückzurufen – das dunkle Auto vor mir, das plötzlich ins Schleudern geriet, auf den Straßengraben zuschlingerte, sich überschlug, die Räder, die sich in der Luft drehten. Alles war in Sekundenschnelle geschehen, aber ich konnte mir nicht vorstellen, dass ich mir das Ganze nur eingebildet hatte. Ich wollte und musste mir selbst ein Bild machen.

Am Nachmittag fuhr ich also mit meinem Auto ganz langsam an der vermeintlichen Unfallstelle vorbei. Absolut nichts Auffälliges war zu erkennen. Um ganz sicherzugehen, parkte ich den Wagen in einem Feldweg und suchte zu Fuß den Straßengraben Stück für Stück ab. Keine Spur, nichts, was irgendwie auf einen Unfall hingedeutet hätte. Das lag vermutlich daran, dass jetzt im Frühjahr die Pflanzen noch nicht hoch waren, also auch kaum niedergedrückt werden konnten. Entmutigt gab ich auf. Aber immer wieder ging mir in den folgenden Monaten die Geschichte durch den Kopf, und mehr und mehr wuchsen Selbstzweifel, ob ich nicht vielleicht doch einer Halluzination erlegen war.

Nachdem ein gutes Jahr ins Land gegangen war, erschien eines späten Abends eine junge Frau an meiner Haustür mit einem Köfferchen in der Hand. »Du bist doch die Hebamme?«, stellte sie fragend fest, wartete eine Antwort erst gar nicht ab, sondern fuhr fort: »Ich hab gehört, dass du ein Entbindungszimmer hast, und ich möcht bei dir entbinden.«

»Ja, hast denn schon Wehen«, erkundigte ich mich.

»Ja, im Abstand von fünfzehn Minuten.«

»Dann komm rein, damit wir keine Zeit verlieren.«

Während ich ihr auf meiner »Wochenstation« beim Auskleiden half, fragte ich: »Wo kommst denn her?« Sie nannte ihren Wohnort. »Aha, deshalb kenn ich dich nicht. Diesen Bezirk hab ich erst vor Kurzem dazubekommen.«

Die Frau, Heike hieß sie, war noch jung, gerade mal zwanzig Jahre alt, und es handelte sich um das erste Kind. Also konnten wir in aller Ruhe sämtliche Vorbereitungen erledigen und dabei ein Schwätzchen halten. Sie erzählte mir von ihren Eltern, dem Zuhause, und ich erfuhr, dass sie in einem Büro arbeitete, noch ledig sei und es sich reiflich überlege, den Kindsvater überhaupt zu heiraten. »Recht hast. Überleg's dir sehr gut. Schnell hat man den Falschen erwischt, und dann gehen die Probleme an. Als Angestellte verdienst doch genug und bist nicht auf den Unterhalt durch einen Mann angewiesen.« Sie nickte.

So allmählich kam die Geburt in Gang. Da das Kind normal lag und die Maße stimmten, brauchten wir uns keine Sorgen zu machen. Natürlich schrie und stöhnte meine Schwangere, wie das fast jede Frau tut, wenn die Presswehen einsetzen. Sie befolgte aber immerhin brav meine Anweisungen, schnaufte und presste im rechten Augenblick, gerade so, wie ich es ihr anschaffte, und bald tauchte das Kopferl auf. Ich hielt es fest, damit es nicht wieder zurückschlupfte. »Jetzt Heike, noch mal ganz fest pressen, dann haben wir's.« Es war ein Bub von rosiger Hautfarbe, voll ausgetragen und offensichtlich kerngesund. Bloß schreien mochte er nicht. Deshalb bekam er von mir ein paar Klapse auf den Po. Dafür schrie er jetzt umso lauter. »Mit der Lunge wird der bestimmt mal Mitglied in einem Blasorchester«, meinte ich.

»Du wirst lachen, sein Vater ist Posaunist«, erklärte die junge Mutter. Wir brachen beide in Gelächter aus.

Anders als manch routinierte Gebärende war die Heike scheinbar gar nicht müde. Ja, sie schien weniger Lust aufs Ausruhen als auf ein Schwätzchen zu haben. Nachdem ich alles Notwendige erledigt hatte, setzte ich mich zu ihr ans Bett. »Wer kümmert sich eigentlich um den Kleinen, wenn du wieder arbeiten musst?«, wollte ich wissen.

»Das wird meine Mutter bestimmt mit Begeisterung übernehmen. Sie wird froh sein, dass endlich ein Bub im Haus einzieht. Sie hat nämlich vier Dirndln zur Welt gebracht, wovon ich die älteste bin. Ja, und mein Papa, der wird gar narrisch werden vor Freud. Und wie ich meine kleinen Schwestern kenne, werden sie begeistert Tante spielen.«

Das freute mich für den kleinen Stefan, denn so gute Startchancen ins Leben haben die meisten ledigen Kinder nicht.

Dann erzählte mir die Heike noch dieses und jenes, doch ich hörte meist nur mit halbem Ohr zu, denn inzwischen war ich rechtschaffen müde. Die Augenlider wurden schwer und schwerer, und ich verspürte nichts als Sehnsucht nach meinem Bett. Eine halbe Stunde noch, dann war meine Wache zu Ende. Wie von Ferne hörte ich die Stimme der aufgedrehten jungen Frau: »Es ist ein Wunder, dass ich überhaupt noch lebe.« Da sie eine erwartungsvolle Pause einlegte, fragte ich schläfrig: »Ja, wie meinst denn das?«

Lebhaft fuhr sie fort: »Vor einem Jahr bin ich in einen Unfall verwickelt gewesen. Bei dem hab ich mehr Glück als Verstand gehabt.«

Mit einem Schlag war ich hellwach: »In einen Unfall? Vor einem Jahr? Wo?«

Offensichtlich erfreut über mein erwachendes Interesse legte sie los: »Auf der Landstraße war es, zwischen Kirchfeld und Oberach. Jedes Mal, wenn ich an der Stelle vorbeikomme, überzieht mich heut noch eine Gänsehaut, und ich schick ein Dankgebet zum Himmel. Nein, wie konnten wir nur so leichtsinnig sein!« Sie hielt inne, wohl weil sich vor ihrem inneren Auge die Szene erneut abspielte.

»Ja, was ist denn passiert?«, drängte ich.

»Wir waren fünf junge Leut im Wagen, vier Burschen und ich. Mein Freund Hiasl, der Kindsvater, saß am Steuer und ich daneben. Wie es genau passiert ist, kann ich nimmer sagen. Das Auto kam jedenfalls ins Schleudern, ich schrie auf, und eh wir's uns versahen, lagen wir im Straßengraben.« Wieder machte sie eine Pause, wahrscheinlich um die Bilder der Erinnerung zu verarbeiten, die auf sie einstürmten. Ich brannte vor Ungeduld. »Weiter! Was war dann?«

»Ja, irgendwie muss sich das Auto überschlagen haben. Wir purzelten alle durcheinander. Nachdem wir unsere Gliedmaßen sortiert hatten, wollten wir raus, aus Angst, der Wagen könnte explodieren. Aber die Türgriffe waren nicht da, wo sie hätten sein sollen. Trotzdem schafften wir es irgendwie, nach draußen zu gelangen. Wir stellten fest, dass nicht viel passiert war, ein paar Schrammen, ein paar Beulen. Die Einzige, die wirklich einen Schaden davongetragen hatte, war ich. Beim Auftreten stach es fürchterlich in meinem linken Fuß oberhalb des Knöchels. Deshalb brachte der Hiasl mich am nächsten Morgen ins Spital, wo man den Fuß röntgte. Da zeigte sich, dass er gebrochen war. Dort wollten wir natürlich nicht zugeben, dass das bei einem Autounfall passiert war. Stattdessen erzählte ich denen, ich sei in der Dusche ausgerutscht und hingefallen. Der Bruch war ziemlich übel und musste operiert werden – vermutlich, weil ich noch damit herumgelaufen war …«

»Warum sollten die im Krankenhaus nichts von dem Autounfall wissen?«, unterbrach ich ihren Redefluss

»Na ja, das hätt für uns alle sehr unangenehme Folgen haben können.«

»Wieso denn?«

»Wir waren alle nicht ganz nüchtern. Genauer gesagt, ein jeder von uns hatte einen anständigen Rausch.«

»Und da seid ihr Auto gefahren?«

»Ja, eben, das war ein Fehler. Wir waren in Unterach auf einer Geburtstagsparty gewesen, und irgendwie mussten wir ja heim. Der Hiasl war noch am nüchternsten von uns allen, und deshalb haben wir beschlossen, dass er fährt, mit meinen Wagen übrigens. Na ja, dass er dazu eigentlich auch nimmer in der Lage war, merkten wir erst, als wir im Graben landeten.« Sie schüttelte den Kopf über ihre Unvernunft von damals.

»Und wie seid ihr da wieder weggekommen?«

»Wie gesagt, den Burschen war zum Glück nichts passiert. Nachdem sie mir aus dem Auto geholfen hatten, stellten sie fest, dass der Wagen auch unbeschädigt zu sein schien. Da haben sie sich dann, der Graben war an dieser Stelle nicht besonders tief, einfach zu viert gegen die rechte Seite gestemmt und auf Kommando fest dagegen gedrückt. Es gab einen Ruck, und schon stand er wieder mit allen vier Rädern auf der Fahrbahn. ›Nix wie weg!‹, rief mein Freund, ›bevor uns jemand entdeckt.‹ Wir waren keine Sekunde zu früh dran, denn am Ortseingang von Oberach kam uns zufällig ein Streifenwagen entgegen. Wenn die uns in dem Graben gefunden hätten, dann gute Nacht! Die Führerscheine wären weg gewesen, zumindest der vom Hiasl. Und teuer wär uns der Spaß überdies gekommen.«

Heike seufzte in Erinnerung an den durchlebten Schrecken. Ich seufzte ebenfalls, aber aus einem anderen Grund. Ich war erleichtert darüber, dass ich doch nicht an der Zuverlässigkeit meiner Sinne zweifeln musste. Auch wenn es mir schwerfiel, ich klärte die junge Frau nicht darüber auf, dass der Streifenwagen in jener Nacht keinesfalls zufällig vorbei gekommen war. Aber warum die Sache wieder aufwühlen und vielleicht die Angst wecken, die ganze Geschichte könnte doch noch ans Tageslicht kommen. Genau aus diesem Grund hielt ich mich auch zurück, den selbstgerechten Gendarmen, die meine Aussage rundweg bezweifelt und mir Halluzinationen unterstellt hatten, nachträglich eins auszuwischen. Allerdings, ich muss es zugeben, fiel mir das sehr, sehr schwer. Auch Hebammen sind nicht frei von Rachegelüsten!

Das ungewollte Kind

Die Hochbrugger Cilli galt als braves und fleißiges Mädchen. Sie war die jüngste Tochter eines Bauern mit mittelgroßem Hof und nach ihrer Schulentlassung auf dem elterlichen Anwesen geblieben. Als einziges der Kinder, denn die beiden Schwestern hatte der Vater in Stellung gegeben, und auch der einzige Sohn, der das Anwesen mal übernehmen sollte, arbeitete bei einem anderen Bauern. Nicht dass es daheim für ihn nichts zu tun gegeben hätte, aber Vater und Sohn verstanden sich nicht besonders, und aus diesem Grund zog der Hochbrugger es vor, seinen Sohn gehen zu lassen und statt seiner einen fremden Knecht einzustellen. Das war der Peppi, ein fleißiger, ruhiger Bursche, der ein paar Dörfer weiter zu Hause war.

Eines Tages im Winter stellte die Cilli fest, dass sie in anderen Umständen war. In der damaligen Zeit war eine ungewollte Schwangerschaft oftmals eine Katastrophe, wenn die jungen Mädchen niemanden hatten, dem sie sich anvertrauen konnten und der ihnen half. Erst viele, viele Jahre später sollte das anders werden, dass die ledigen Mütter mit ihren Kindern nicht mehr ins gesellschaftliche Abseits gerieten. Für die Cilli jedenfalls sah die Welt trüb aus. Sie hielt die Schwangerschaft nicht nur geheim, sondern tat auch alles, was ihr zu Gebote stand, um das unerwünschte Kind vorzeitig loszuwerden. Immer wieder sprang sie einige Treppenstufen hinunter. Mehrmals ließ sie sich aus dem Bett fallen. Dreimal stieg sie auf die Hochalm, was eine ungeheure Anstrengung bedeutete und jeweils vier Stunden in Anspruch nahm, und rannte, so schnell sie ihre Füße trugen, den Berg hinunter. Aber es half alles nichts. Während andere Frauen nur einen kleinen Stolperer machen, kann es zu einer ungewollten Fehlgeburt kommen, bei der Cilli aber saß die Frucht bombenfest. Dieses Kind wollte ganz regulär geboren werden.

Es war an einem Abend, als bei der jungen Frau die Wehen einsetzten. Statt sich irgendjemandem anzuvertrauen, verkroch sie sich in ihrer Dachkammer und wartete ab, was geschehen würde. In den frühen Morgenstunden brachte sie schließlich ihr Kind ganz allein zur Welt. Sie tat ihm zwar nichts an, aber sie tat auch nichts für das kleine Mädchen. Was überdies hätte sie schon tun können? Ohne eine Ahnung von irgendwas? Sie war nicht einmal mehr in der Lage, Hilfe zu holen – blutverschmiert ließ sie das Kind an der Nabelschnur zwischen ihren Beinen liegen. Sie wunderte sich nur, wie sie mir später erzählte, dass, nachdem das Kind längst geboren war, noch einmal Wehen einsetzten. Natürlich hatte sie von einer Nachgeburt nie gehört.

Der Peppi kam wie immer früh zu seiner Arbeit und wunderte sich, wo die Cilli blieb, die sich normalerweise schon vor ihm im Stall zu schaffen machte. An jenem bewussten Morgen aber war nicht ausgemistet, und die Kühe waren weder gefüttert noch gemolken und brüllten ihn anklagend an. Kopfschüttelnd begab er sich auf die Suche nach dem scheinbar pflichtvergessenen Mädchen. Er polterte die Stiegen hinauf und steckte seinen Kopf in ihre Kammer. Und sah die Bescherung: Die Cilli lag in ihrem Blut, und er hörte das Schreien eines Säuglings. Da muss schleunigst eine Hebamme her, sagte er sich, schwang sich auf sein Radl und fuhr die zwei Kilometer zu mir hinaus. Mit meinem Rad fuhr ich dann hinter ihm her zum Hof.

Mir war schon so manches an Dreck und Unordnung untergekommen, aber was ich dort zu sehen bekam, das setzte allem die Krone auf. Es war nicht nur der Dreck, der mich anwiderte, sondern auch der Gestank, der mir in der Dachkammer entgegenschlug. Der handgewebte Teppich sah aus, als habe er tagelang im Kuhstall gelegen, und so roch er auch. Ich riss als Erstes ein Fenster auf. An der linken Wand stand allerlei Gerümpel, das mit einer dicken Staubschicht bedeckt war, rechts gab es hintereinander zwei Betten. Das vordere, also das der Tür zugewandte, war mit Kissen und Decken sowie mit Kleidung bepackt. In dem hinteren Bett fand ich die junge Wöchnerin auf einem total durchgelegenen und verdreckten Strohsack, der jetzt zudem mit Blut besudelt und von missfarbigem Fruchtwasser durchtränkt war. Das also war mit ein Grund für den üblen Geruch in der Kammer und zugleich ein Zeichen, dass das Neugeborene übertragen war. Neben der Cilli, die selbst wie ein halbes Kind wirkte, erblickte ich ein nacktes Baby, das noch an der Nabelschnur hing und leise vor sich hin wimmerte. Ich deckte eines von meinen Frotteetüchern über das Mädchen, bevor ich mich ins Erdgeschoss begab, um nach Wasser und einer Schüssel zu suchen.

In der Küche traf mich erneut der Schlag. Am Tisch saß eine völlig verwahrloste Frau von undefinierbarem

Alter. Ihr schwarzgraues Gewand war von oben bis unten voller Flecken und Risse, ihr graues, geflochtenes Haar zu einem unordentlichen Knoten am Hinterkopf zusammengesteckt. Es hatte bestimmt seit Tagen keinen Kamm mehr gesehen. Mit glasigen Augen starrte die Frau mich über ihre Bierflasche hinweg an. Zu ihren Füßen tummelten sich einige Hühner, die eifrig Krümel vom Boden pickten. Sogar einige Ferkel waren in der Küche zu Besuch und schmatzten irgendwas Essbares. So etwas muss man gesehen haben, das kann man sich sonst nicht vorstellen.

»Bist du die Bäuerin?«, fragte ich die Frau, die sich bei meinem Eintreten nicht mal die Mühe gemacht hatte, das Wort an mich zu richten.

»Kann schon sein, dass ich noch die Bäuerin bin«, lallte sie, »was weiß denn ich?«

»Dann bist die Mutter von der Cilli?«

»Ja, warum?«

»Sie hat heut Nacht entbunden. Ein kleines Mäderl hat's gekriegt, ich brauch eine Schüssel und warmes Wasser, damit ich mir die Händ' waschen und das Kind baden kann.«

Da kam auf einmal Leben in die Alte. »Was hast gesagt? Die Cilli hat ein Kind gekriegt? Ja mei, was machen wir denn da?«

»Ein anständiges Zimmer braucht sie halt. Sie kann doch mit dem Kind nicht in der Rumpelkammer bleiben«, war meine erste Reaktion. »Aber vorher brauch ich warmes Wasser.«

Die Bäuerin deutete mit der rechten Hand aufs Herdschiff. »Da kannst es holen. Die Schüssel steht unter dem Vorhang.«

Das Wasser im Schiff war so trüb, dass man nicht bis auf den Grund sehen konnte. Außerdem war es nur mäßig warm, weil das Feuer im Herd nur noch schwach glomm. Ich schürte es erst mal kräftig und setzte einen Topf mit frischem Wasser auf die Platte. Unterdessen nahm ich mir die Schüssel vor, die so dreckig war, dass mir grauste. Doch nach emsigem Schrubben und Bürsten im Spülstein gelang es mir, sie wieder verwendungsfähig zu machen – gleichzeitig waren durch diese ganze Prozedur meine Hände ausreichend gewaschen worden. Zur Sicherheit kippte ich noch Alkohol darüber, ehe ich mich daranmachte, das kleine Menschlein abzunabeln. Bei der Gelegenheit stellte ich fest, dass die Nachgeburt, die längst hätte da sein müssen, keine Anstalten machte, sich zu lösen. Schon wollte ich den Knecht losschicken, damit er den Arzt hole, da rührte sich etwas bei der Cilli, und die Plazenta flutschte in meine bereitgehaltene Schale. Sie war völlig normal, und mir blieb unerfindlich, warum sie so lange gebraucht hatte.

Nun konnte ich mich endlich wieder dem Neugeborenen zuwenden. Nachdem es gebadet und sauber angezogen war – wohlgemerkt mit Sachen aus meiner Notausstattung –, wollte ich es der Mutter reichen. Die aber drehte demonstrativ den Kopf weg. »Schau es dir doch wenigstens mal an«, redete ich ihr gut zu.

»Wozu soll ich es anschauen? Ich will's ja nicht.«

Traurig für die arme Kleine. Aber auch die Cilli tat mir leid. Sie war höchstens siebzehn, und der Herrgott mochte wissen, wie sie an dieses Kind gekommen war. Ihre Mutter, offensichtlich eine Alkoholikerin, schien kaum geeignet, sich um ihre Tochter und deren Kind zu kümmern – ein typischer Fall also für das Jugendamt, dachte ich. Während ich meine Eintragungen machte und den Meldezettel fürs Standesamt ausfüllte, erhob sich natürlich die leidige Frage nach dem Kindsvater. Den aber wollte die Cilli mir partout nicht nennen.

»Brauchst keine Angst zu haben, außer dem Standesbeamten und mir erfährt das kein Mensch«, redete ich ihr gut zu. Keine Antwort. Ich versuchte es noch einmal: »Ganz gleich, wer der Papa ist, du kannst es mir ruhig sagen. Ich brauch das für meine Papiere. Von mir wird's wirklich niemand erfahren.« Sie schwieg hartnäckig. Ich nahm einen neuen Anlauf, diesmal mit einschmeichelnder Stimme: »Schau mal Cilli, der Vater wird für das Kind zahlen müssen. Das Geld steht dir beziehungsweise deiner Tochter zu. Ganz gleich, wer es ist, du kannst es mir ruhig sagen, selbst wenn's der Pfarrer oder der Bürgermeister sein sollte.« Sie presste weiterhin die Lippen fest aufeinander, sodass ihr auch nicht eine Silbe entschlüpfen konnte.

Nachdem ich bei der Cilli meine Zeit abgesessen und nebenbei ein bisschen in der Kammer aufgeräumt hatte, ging ich wieder hinunter in die Küche. Die Mutter fasste mich vertraulich am Arm und führte mich hinauf in den ersten Stock. »Da, schau her, in diese Kammer kann die Cilli mit dem Kind. Das ist die Kammer von unserem Bub, der kommt vorerst ja doch nicht. Die Wiege steht schon da, und die Kindswasch hab ich auch herausgesucht.«

Ich war überrascht, dass die Frau das alles mit ihrem umnebelten Kopf fertiggebracht hatte. Dennoch blieb eine Menge zu tun. Das Zimmer war zwar sehr schön, aber so viele Spinnweben, wie da herumhingen, hatte ich im ganzen Leben nicht gesehen. Also ließ ich mir einen Besen geben und fing an zu stöbern. Die Kindswäsche, durch die lange Lagerung völlig angegraut, verschnürte ich zu einem Paket und nahm sie mit nach Hause, um sie noch am selben Tag zu waschen. Von Hand, versteht sich, nachdem ich sie auf dem Herd gekocht hatte, denn zu dem Luxus einer Waschmaschine hatte ich es bisher nicht gebracht. Damit die Sachen bis zum nächsten Morgen trockneten, hängte ich sie in meiner Küche über dem Herd auf.

Mit der sauberen Wäsche radelte ich am nächsten Morgen wieder zum Hof der Hochbruggers hinüber. Die Cilli traf ich in ihrer neuen Umgebung an, die ihr die Mutter zugewiesen hatte. Jetzt zeigte sie sich schon zugänglicher und erzählte mir, dass die Mutter seit Jahren an der Flasche hänge und die ganze Verantwortung für Stall und Haushalt auf ihren, Cillis, schwachen Schultern liege. Weil das alles für sie zu viel war, hatte sie sich vor allem um den Stall gekümmert, weil das Vieh schließlich die Existenzgrundlage für die Familie bedeutete. Für Arbeiten in der Wohnung war daher so gut wie keine Zeit geblieben. Nun wusste ich endlich, warum es in dem von außen ganz passabel aussehenden Hof so chaotisch aussah.

Während der Wochenpflege begann sich Cillis Verhalten ihrem Kind gegenüber zu verändern. Nicht dass ich irgendwelche Zärtlichkeiten bemerkt hätte, aber sie war nicht mehr ganz so ablehnend, duldete es, dass ich die Kleine anlegte, und stillte sie regelmäßig. In diesen Tagen erschien auch eine Mitarbeiterin des Jugendamts, die ein langes intensives Gespräch mit der minderjährigen Mutter führte. Sie fand sehr bald eine gute Pflegefamilie für das Kind und eine Arbeitsstelle für die Cilli. Nach dem Abstillen verließen beide in verschiedenen Richtungen das Elternhaus. Wie ich hörte, beorderte der Hochbrugger eine seiner anderen Töchter nach Hause, damit diese sich künftig um Haus und Hof und die alkoholkranke Mutter kümmerte.

Den Namen des Kindsvaters hat die Cilli niemals preisgegeben. Später munkelte man im Dorf, es sei niemand anderes als ihr eigener Vater gewesen. Weiter wurde getuschelt, weil sich der Mann an der eigenen Tochter vergriffen hatte, habe seine Frau Trost im Alkohol gesucht. Andere wiederum wollten wissen, es sei genau andersherum gewesen. Dass sich der Bauer deshalb an der Tochter vergangen habe, weil er mit der Alkoholsucht seiner Frau nicht zurechtkam. Wie gesagt, alles Gerüchte. Die Wahrheit kam niemals ans Tageslicht, denn alle Beteiligten schwiegen beharrlich.

Zumindest hat die Geschichte für die Cilli ein gutes Ende genommen. Einige Jahre später hat sie einen braven Bergbauern aus dem Pinzgau geheiratet und ihre uneheliche Tochter zu sich genommen. Sie soll eine tüchtige Bäuerin geworden sein und ihrem Mann fünf Buben geschenkt haben. Sie kam nie wieder in ihren Heimatort. Eine ihrer Schwestern erzählte mir später, dass die Cilli nach allem, was sie im Elternhaus durchgemacht habe, froh sei, weit davon entfernt ihr eigenes Leben führen zu dürfen. Zu ihrer Tochter jedoch, diesem Kind, das sie eigentlich nicht gewollt hatte, entwickelte sie ein sehr gutes Verhältnis. Wie Freundinnen seien die beiden, wusste die Schwester zu berichten. Gott sei Dank, es gibt doch noch Gerechtigkeit auf der Welt, dachte ich.

Die Kusinen

Weit oberhalb meines Dorfes, vom Tal aus sichtbar, lag ein kleines landwirtschaftliches Anwesen, auf dem zwei Mädchen lebten, die mir eines der denkwürdigsten Erlebnisse meiner Hebammenlaufbahn bescheren sollten. Die Geschichte hört sich völlig unglaubwürdig an, hat sich aber tatsächlich so zugetragen.

Ich kannte den Wimmerbauern und seine Familie nur vom Sehen, näheren Kontakt gab es keinen zu der Familie. Aber ich war des Öfteren die geschotterte Serpentinenstraße hinauf zum Grünbichlerhof spaziert, der traumhaft lag, weil man von dort einen großartigen Blick über Dorf und Tal hatte. Das Gebäude selbst war alt, ein kleiner Betrieb, mit dem man gerade so über die Runden kam. Die Bauersleute hatten fünf Kinder, denen noch meine Vorgängerin auf die Welt geholfen hatte, denn als ich in diesem Sprengel die Stelle als Hebamme antrat, war die Bäuerin bereits aus dem gebärfähigen Alter heraus. Zu ihren eigenen Kindern hatte sie noch eines angenommen, das ledige Kind ihrer Schwester, die in der Stadt ihr Brot verdiente. Es hieß, sie schicke den Wimmers zwar Geld, komme aber nur ganz selten mal vorbei und die kleine Monika wisse eigentlich gar nicht, dass die fremde Frau ihre leibliche Mutter sei.

Sie nannte ihre Tante Mama und betrachtete deren Kinder als Geschwister. Besonders mit ihrer gleichaltrigen Kusine verband sie ein inniges Verhältnis. Die beiden Mädchen unternahmen alles gemeinsam, kamen zusammen in die Schule und waren unzertrennlich. Die ganze Schulzeit über saßen sie in derselben Bank und wollten auch beim Spielen auf dem Pausenhof meist keine andere Gesellschaft. Als ihre Schulentlassung anstand, machte man sich Gedanken darüber, ob man sie etwas lernen lassen sollte und wenn ja was. Die beiden aber, in der Landwirtschaft aufgewachsen, zeigten keinerlei Interesse für irgendeinen anderen Beruf. Egal welche von beiden man fragte, man erhielt die Antwort: »Ich möcht Bäuerin werden.«

Unter diesen Voraussetzungen konnte es nicht schaden, wenn sie zunächst eine Haushaltungsschule besuchten. Gesagt, getan, die Mädels gingen für ein Jahr nach Salzburg, bevor sie gemeinsam auf den Grünbichlerhof zurückkehrten, wo sie künftig der Bäuerin, die langsam die Last der arbeitsreichen Jahre spürte, nach Kräften zur Hand gingen und sie im Haus wie im Stall und auf den Feldern entlasteten. Obwohl die Landwirtschaft mit sieben Kühen und einer wechselnden Anzahl von Kälbern, Schafen und Schweinen sowie einer munteren Hühnerschar eher klein war, gab es doch genug für alle zu tun, und die Hilfe der fleißigen, anstelligen Mädchen war mehr als willkommen, zumal die anderen Kinder bei fremden Bauern in Dienst standen. Schließlich musste alles in Handarbeit gemacht werden, denn auf dem Hof gab es weder einen Traktor noch landwirtschaftliche Maschinen. Und auch im Haus fehlten sämtliche Geräte, die heutzutage die Arbeit erleichtern. Den einzigen Luxus, den man sich gönnte, war die Elektrizität. Aber ausschließlich zur Beleuchtung, nicht mal eine Steckdose war da, an die man einen Kühlschrank, eine Waschmaschine oder ein Bügeleisen hätte anschließen können. Wasser musste man aus dem Brunnen vor dem Haus schöpfen – Trinkwasser für Mensch und Tier, Wasser zum Kochen und Waschen. Geputzt wurde meist mit dem gebrauchten Waschwasser. Dass weder Zentralheizung noch Telefon existierten, versteht sich von selbst – diese Dinge waren selbst in fortschrittlicheren Haushalten zu jener Zeit nicht die Regel.

Aber die Wimmerbauern waren es nicht anders gewöhnt, auch die beiden Mädchen nicht. Sie fühlten sich wohl in ihrer Bergeinsamkeit, gingen aber, wie hätte es anders sein können, gerne hinunter ins Dorf, wenn Tanz angesagt war. Das durften sie, seit sie achtzehn waren, und so blieb es nicht aus, dass sich zwei flotte junge Burschen in die blitzsauberen Dirndln verliebten. Diese Zuneigung wurde von den jungen Damen mit gleicher Heftigkeit erwidert, und sie ließen es geschmeichelt geschehen, dass die Verehrer ihre Angebeteten in der Nacht zum Grünbichlerhof begleiteten. Das war schließlich Kavalierspflicht, denn man konnte sie ja schließlich nicht alleine gehen lassen.

Die Gerda, die Tochter des Hauses, hatte, seit ihr großer Bruder ausgezogen war, dessen Schlafkammer bekommen, die im Erdgeschoss lag, während die Monika weiterhin im ersten Stock gleich neben der Kammer der Pflegeeltern schlief. Und nachdem man sich eine schickliche Zeit kannte, nahmen die Mädchen – fortschrittlich, wie sie waren – ihre Verehrer mit in ihre Kammer. Die Zeit des Fensterlns war nämlich längst vorbei. Dennoch verschwanden die beiden Burschen bereits vor dem Morgengrauen.

Nach einiger Zeit merkten die Kusinen, dass sie schwanger waren. Doch obwohl sie in gewisser Weise fortschrittlich dachten, getrauten sie sich nicht, diese Neuigkeit gleich den Eltern zu offenbaren. Erst als sich ihr Zustand kaum noch verbergen ließ, traten sie gemeinsam vor die Bäuerin hin. Zu zweit fiel ein solches Geständnis doch wesentlich leichter.

Sie hatten Glück. Nach der ersten Schrecksekunde lachte die Grünbichlerin: »Ihr seid mir vielleicht zwei! Müsst ihr denn wirklich alles gemeinsam machen? Aber mal im Ernst, was sind das für Burschen, die Kindsväter – oder habt ihr euch den etwa auch geteilt?«

»Nein, nein«, lachten die beiden, »da gibt's schon zwei.«

»Und was ist mit denen? Stammen die aus ordentlichen Verhältnissen? Sind die bereit, euch zu heiraten?«

»Ach, Mama, das sind ja gleich drei Fragen auf einmal. Welche sollen wir zuerst beantworten?«, fragte die Gerda.

»Fangt mit der letzten an.«

»Heiraten will er schon«, druckste die eine herum. »Ja, schon«, druckste auch die andere.

»Was heißt hier ja schon? Könnt ihr das nicht ein bisserl genauer ausdrücken?«

»Der Meine ist der Franz vom Haiglhof«, gestand die Gerda. »Den soll er mal übernehmen. Heiraten will er mich, aber erst muss er schauen, wie seine Eltern dazu stehen.«

»Ach, die mit ihrem armseligen Sacherl! Die sollen sich net so haben! Die können sich alle zehn Finger abschlecken, wenn sie eine so tüchtige Schwiegertochter wie dich überhaupt kriegen, die noch dazu ein schönes Stück Land als Heiratsgut mitbringt. Und wie schaut's bei dem Deinigen aus?«, wandte sie sich an die Nichte.

»Es ist der Sonnleitner Andreas. Der soll auch mal den Hof übernehmen. Und heiraten will er mich schon, wenn seine Eltern einverstanden sind.«

»Ja, da schau her! Der Sohn vom Sonnleitner! Da hast dir ja was ganz Gescheites an Land gezogen. Der ist einer der größten Bauern im ganzen Tal. Dass die sich das überlegen, ob sie ein so armes Hascherl wie dich in ihre Familie aufnehmen, das kann ich mir schon vorstellen.«

Damit war das Thema vorerst abgehakt, und die beiden Mädchen sahen zuversichtlich dem Ende ihrer Schwangerschaft entgegen.

An einem späten Abend Ende November, tagsüber hatte es leicht geschneit, befand sich der Andreas noch bei seiner Braut Monika, als diese plötzlich ausrief: »Du, ich glaub, es geht los«, und auf die Uhr schaute. Da sich aber weiter nichts tat, beruhigte sie sich wieder. »Ach, wird nur eine Blähung gewesen sein«, meinte sie. Als sich das Ziehen jedoch nach einer knappen Stunde wiederholte, diesmal stärker als zuvor, begann sie nervös zu werden. »Du, Anderl, ich glaub, es sind schon die Wehen. Jetzt spür ich's ganz eindeutig. Vielleicht sollt ich die Mutter wecken?«

»Ach was, die kann auch nicht helfen. Was du jetzt brauchst, ist die Hebamme.«

Der umsichtige junge Mann hatte die Sache bereits vorher ganz genau durchgeplant. »Du bleibst ganz ruhig hier in deiner Kammer«, sagte er zu der Monika, »und atmest immer tief durch. Das soll gut sein für das Baby. Darüber hab ich was im Fernsehen gehört. Ich mach mich derweil auf zum Daxenberger. Mit dem ist schon abgesprochen, dass er dich mit seinem Auto zum Entbindungszimmer ins Altersheim bringt.«

Auf leisen Sohlen schlich er im Dunkeln die Treppe hinunter, um niemanden zu stören, weder die Bauersleute noch die Gerda, die ebenfalls Besuch von ihrem Liebsten hatte, als er plötzlich im Hausgang mit dem Franz zusammenrumpelte. Beide erschraken heftig, weil sie einander im Finstern nicht erkennen konnten. Ohne ein Wort zu sagen, tasteten sich beide vor bis zur Haustür, wo sie im Mondlicht einander erkannten. »Was schleichst denn du im Finstern umeinander?«, fragte der Franz.

»Das wollt ich dich auch grad fragen«, erwiderte der Andreas.

»Bei meiner Gerda haben die Wehen eingesetzt.«

»Das gibt's doch nicht! Bei meiner Moni auch.« Während dieses Wortwechsels hatten sie sich schon talwärts in Bewegung gesetzt.

»Und was hast jetzt vor?«

»Zum Daxenberger will ich, damit er mir die Moni zum Altersheim bringt.«

Da lachte der Franz laut auf: »Genau das hab ich auch vor.«

»Dann haben wir ja denselben Weg.«

Es war weit nach Mitternacht, als mich ein Geräusch aus dem Schlaf schreckte. Angespannt lauschte ich in die Stille. Da! Da war es wieder. Ein zaghaftes Klopfen an meinem Kammerfenster. Zu dieser Zeit besaß ich zwar längst ein Telefon, aber es gab noch genügend Leute ohne diese moderne Errungenschaft. Wohl auch ohne Türklingel, denn viele zogen es weiterhin vor, nach alter Sitte ans Fenster zu klopfen. Vielleicht dachten sie, das würde mich schonender wecken als lautes Klingeln. Schlaftrunken tastete ich nach dem Schalter meines Nachttischlämpchens, schwang die Beine aus dem Bett und tappte ans Fenster. Im Lichtkegel, der aus meinem Fenster fiel, erblickte ich zwei Gestalten. »Nanni, komm sofort mit, die Moni und die Gerda haben Wehen«, riefen sie mir im Duett zu. Ich glaubte den beiden kein Wort, vermutete vielmehr, sie kämen gerade von einer nächtlichen Feier, hätten dort einen über den Durst getrunken und wollten sich nun einen Scherz mit mir erlauben.

»Macht, dass ihr weiterkommt!«, schimpfte ich. »Ihr spinnt wohl, mich nachts aus dem Schlaf zu reißen, damit ihr eine Gaudi habt. Für euren Blödsinn hab ich keine Zeit.« Schwungvoll knallte ich mein Fenster zu, dass es klirrte. Noch ehe ich mich aber wieder meinem Bett zuwenden konnte, klopfe es erneut. Verärgert über die beiden Saufköpfe, wie ich dachte, wollte ich schon aufs Neue losschimpfen, als einer der beiden inständig flehte: »Bittschön, Nanni, sei so gut und komm mit. Wir haben grad vorhin die Gerda und die Moni zum Altersheim gebracht. Bitte, glaub uns. Der Daxenberger wartet schon im Auto, um dich hinzufahren.«

Das wirkt echt, dachte ich beschämt und schlüpfte hastig in meine Kleidung, warf mir meinen Mantel über, schnappte meine Tasche und verließ das Haus. Auf der anderen Straßenseite stand tatsächlich das

Auto vom Daxenberger, das mich und die beiden jungen Männer zum Heim brachte. Dort angekommen, öffnete auf mein Läuten die Nachtschwester. »Da bist ja endlich«, sagte sie. »Es gibt einen Haufen Arbeit für dich. Den Weg kennst ja.«

Im Entbindungszimmer lächelte mir aus jedem der beiden Betten verlegen ein junges Mädchen entgegen. Beide kannte ich vom Sehen. Wie gut, dachte ich, dass ich vor ein paar Wochen ein zweites Bett angeschafft hatte. Jetzt konnte ich es zum ersten Mal gut gebrauchen, denn hier schien eine Synchronentbindung bevorzustehen.

»Wer ist die Monika?«, fragte ich. Aus dem rechten Bett kam die Antwort: »Das bin ich.«

»Aha, dann bist also du die Gerda«, wandte ich mich an das linke Bett. Sie nickte nur. Zum Reden kam sie nicht, weil sie in dem Moment eine Wehe überfiel. Deshalb wollte ich zunächst von der Monika weitere Auskünfte einholen, doch rechts herrschte wehenbedingt ebenfalls Funkstille. Ich fing derweil schon einmal an, diverse Vorbereitungen zu treffen. Zwei Gebärende und zwei Kinder gleichzeitig zu betreuen, das war für mich eine absolut neue Erfahrung. Damit ich mir meine Zeit richtig einteilen konnte, musste ich wissen, bei wem es am meisten pressierte, welche ich zuerst untersuchen sollte. »Bei wem ist es denn am dringendsten?« Sie schauten sich gegenseitig an, sie schauten mich an und zuckten beide die Schultern.

»Klar, das war eine dumme Frage. Bei welcher haben die Wehen zuerst eingesetzt?«

Wieder schauten sie zuerst sich und dann mich fragend an. »Ich geb zu, diese Frage war auch nicht besser. Also Monika, wann haben bei dir die Wehen angefangen?«

Sie schien einen Moment zu überlegen. »Das war so gegen neun. Da spürte ich ein leichtes Ziehen, hab dem aber keine Bedeutung beigemessen. So gegen zehn ging's dann richtig los.«

Ich kam gar nicht mehr dazu, die Gerda zu fragen, da sprudelte die schon hervor: »Bei mir war's grad so. Ganz gewiss wahr. Genauso war's bei mir.«

»Das gibt's doch nicht«, meldete ich meine Zweifel an, »ihr haltet mich zum Narren.«

Die beiden Schwangeren blieben mir eine Antwort schuldig. Beide atmeten plötzlich tiefer ein und aus – die nächsten Wehen waren da.

Obwohl es sich bei beiden um die erste Schwangerschaft handelte und wir vermutlich noch reichlich Zeit hatten, beschloss ich, zügig mit den Untersuchungen zu beginnen. Man konnte ja nie wissen! »Jetzt wird's aber Zeit, dass ich euch untersuche, sonst weiß ich nicht, welcher von euch beiden ich zuerst beistehen muss. Da ihr offenbar gleichzeitig mit den Wehen angefangen habt, untersuch ich euch halt in alphabetischer Reihenfolge.«

Also schaute ich mir zunächst den Bauch von der Gerda an und tastete ihn ab. Offensichtlich lag das Kind, wie es sich gehört, in Hinterhauptlage. Das Köpfchen war schon ganz schön weit ins Becken gerutscht. Eine ideale Geburtsvoraussetzung also. Die Austreibungsphase würde nicht mehr lange auf sich warten lassen. Deshalb hätte ich am liebsten gleich alle notwendigen Untersuchungen angeschlossen und mit der hygienischen Geburtsvorbereitung begonnen.

Mein Bauchgefühl sagte mir jedoch, dass ich besser erst den Bauch von der Monika anschauen sollte, damit ich nichts Wichtiges versäumte. Bei der gab es exakt den gleichen Befund wie bei der Kusine. Jetzt steckte ich in der Zwickmühle: Welche von beiden nahm ich mir zuerst vor? Vielleicht gab mir die rektale Tastuntersuchung Antwort auf meine Frage. Ich wusch mir die Hände und zog mir Gummihandschuhe über. Bei der Monika war der Muttermund kleinhandtellergroß geöffnet. Ich wechselte die Handschuhe. Bei der Gerda war es keinen Deut anders! Nun musste ich mich sputen. Erst Hygiene bei der einen, dann bei der anderen. Zwischendurch immer wieder gleichzeitige Wehen. Natürlich musste ich zudem regelmäßig nach den Herztönen horchen, die bei beiden völlig normal und kräftig waren. Nach einer Weile war bei der einen wie bei der anderen die Öffnung des Muttermunds handtellergroß.

Diese Mädchen waren wirklich einmalig. Langsam wurde mir die Sache unheimlich – die Kusinen würden doch nicht womöglich auf die Idee kommen, ihre Kinder gleichzeitig zu kriegen. Damit wäre ich total überfordert. Ich konnte unmöglich bei zwei Frauen gleichzeitig Dammschutz machen und ihre Kinder auffangen.

Plötzlich hatte ich eine Eingebung. Auf der Altenpflegestation arbeitete seit Wochen eine Praktikantin, die Christine. Da es bereits auf den Morgen zuging, musste sie schon im Haus sein. Die wäre noch am ehesten abkömmlich, und die war auch recht geschickt. Ihr konnte ich bestimmt in wenigen Minuten die notwendigsten Handgriffe beibringen. Ich rief die Stationsschwester an, die mir bereitwillig das Mädchen gleich herüberschickte.

Christine kam keine Sekunde zu früh. Fünf Minuten blieben mir, um sie anzulernen, wovon schon drei Minuten draufgingen fürs notdürftige Händewaschen, Desinfizieren und Handschuhanlegen. Die vorletzte Presswehe stand bevor, und wie ich die beiden gebärenden Kusinen kannte, würde diese ebenfalls synchron kommen. Richtig, schon sah man bei beiden Müttern die Schädeldecke des Kindes. Bei der nächsten Wehe würde das ganze Köpfchen ausgestoßen werden. Das war die Situation, wo ich zur Stelle sein musste. Mit der einen Hand würde ich den Damm schützen müssen und mit der anderen das Kind in Empfang nehmen. Aber wie macht man das bei zwei Müttern gleichzeitig? Deshalb schärfte ich meiner »Assistentin« ein: »Du musst das Kopferl in seiner Position halten, lass es bloß nicht raus. Die Moni darf auf keinen Fall pressen. Sag ihr, sie soll schön durchschnaufen.«

Die Gerda dagegen durfte pressen. Ja, sie sollte sogar pressen. Ihre Entbindung wollte ich so schnell wie möglich hinter mir haben, damit ich bei der Kusine hinzuspringen konnte. Die nächste Wehe kam, die Gerda presste, und schon hielt ich das Kind in den Händen. Ich legte das kleine Mäderl, das so freundlich war, sofort loszuschreien, ohne es abzunabeln der Mutter auf den Bauch und stürzte an das andere Bett, um die Christine abzulösen. Die hatte ihre Sache wirklich gut gemacht. Bei der Moni war »noch nichts passiert«. Dann kam die letzte Presswehe, und schwupp war das Kind da – ein Mädchen, wie hätte es anders sein können. Ich war gar nicht dazu gekommen, zwischen den beiden Entbindungen auf die Uhr zu schauen, doch es können nur wenige Sekunden Zeitunterschied gewesen sein. Auch das zweite Baby legte ich erst einmal auf den Bauch der Mutter. Sowohl der Christine als auch mir stand der Schweiß auf der Stirn. Da wir beide die letzten Minuten unter Hochspannung verbracht hatten, fielen wir uns nun gegenseitig in die Arme. Wir weinten und lachten vor Freude über den glücklichen Ausgang dieses ungewöhnlichen Ereignisses.

Nachdem die Neugeborenen abgenabelt waren, assistierte die Christine mir noch beim Baden und schaute interessiert zu, wie ich den Nabelverband anlegte. Dann zog sie eines der beiden Kleinen an und ich das andere, bevor wir sie in die Babykörbchen legten. Allerdings erhielt nur eines der Mädchen das passende rosafarben ausgeschlagene, das andere musste mit dem blauen Bettchen vorliebnehmen.

»Vielen Dank, Christine«, sagte ich zum Abschied, »du hast deine Sache großartig gemacht. Ohne dich hätt ich das nicht geschafft.«

»Da war doch nicht viel zu tun«, wehrte sie bescheiden ab. »Ich hab nur ein bisserl gegen das Kopferl gedrückt, damit es nicht rausflutscht.«

»Genau das war das Entscheidende. Ohne deine Hilfe hätt's eine mittlere Katastrophe gegeben.«

»Es hat mir schon Freude gemacht, so ein bisserl Hebamme zu spielen. Als ich die Praktikumsstelle hier antrat, hätt ich mir nicht träumen lassen, Geburtshilfe leisten zu dürfen. Eigentlich mach ich das Praktikum ja, weil ich Altenpflegerin werden will. Nun bin ich verunsichert. Vielleicht sollt ich lieber auf Hebamme umsteigen.«

»Das ist eine gute Idee. Dass du Geschick dazu hast, das hast bewiesen. Noch bleibt dir Zeit, darüber nachzudenken.«

Sie hat es sich dann tatsächlich überlegt. Nachdem sie ihr Praktikum abgeleistet hatte, meldete sie sich von der Altenpflegeschule ab und bei der Hebammenlehranstalt an. Sie ist eine tüchtige Hebamme geworden, die mir ab und zu begegnete, wenn ich mal wieder einen schwierigen Fall im Spital ablieferte.

Aber zurück zu den beiden Kusinen. Es versteht sich, dass die jungen Väter am Morgen nach der glücklichen Niederkunft mit großen Blumensträußen erschienen, um ihre Freude und Verehrung auszudrücken. Im Frühjahr darauf wurde ich zu einer prächtigen Doppelhochzeit eingeladen. Sie wurde in der größten Gaststätte des Ortes gefeiert. Wie nicht anders zu erwarten war, trugen beide Bräute exakt die gleichen Kleider, die gleichen Brautkronen und die gleichen Schleier. Man musste schon genau hinschauen, um zu erkennen, welche die Gerda und welche die Monika war. Beide wurden tüchtige Bäuerinnen und sind inzwischen längst fidele Großmütter.

Der Misttrak

Bevor ich mir ein eigenes Auto leisten konnte, war es oft recht mühsam, zu meinen Einsatzorten zu gelangen. Mal musste ich zu Fuß gehen, mal nahm ich mein Fahrrad, später mein Moped. Wenn ich Glück hatte, wurde ich mit einem fahrbaren Untersatz abgeholt. Das reichte, je nach Vermögensstand der betreffenden Familie, von einfachen Pferdegespannen oder Traktoren über herrschaftliche Kutschfahrzeuge bis hin zum Auto. Einmal fuhr sogar eine luxuriöse Hotellimousine bei mir vor. Auf das ungewöhnlichste Transportmittel allerdings musste ich lange Zeit warten.

Es war Mitte November, leichter Schnee hatte bereits Feld und Flur bedeckt – für die Bauern die beste Zeit, ihren Mist auszubringen. Also fuhr auch der Grainerbauer am frühen Morgen mit seinem Misttrak los. So nennt man bei uns ein Gespann, das aus einem Traktor und einem Mistwagen besteht, der an seinem hinteren Ende eine spindelartige Vorrichtung hat, die den Naturdünger gleichmäßig über Wiese und Acker verstreut. Als der Sepp aufbrach, konnte er nicht ahnen, dass bei seiner Frau Sanni schon bald die Wehen einsetzen würden.

Als er dann mit dem leeren Gespann auf den Hof zurückkehrte, erwartete ihn bereits die Altbäuerin, seine Mutter, aufgeregt auf der Türschwelle und rief ihm zu: »Schnell, schnell! Du musst sofort die

Hebamme holen. Die Sanni hat seit einer Stunde Wehen.«

Da es sich um ihr sechstes Kind handelte und er sich noch mit Schrecken daran erinnerte, wie schnell das vierte und fünfte gekommen waren, düste er, ohne lange nachzudenken, los. Er nahm sich nicht mal mehr die Zeit, seinen stinkenden Mistanhänger abzukuppeln.

»Schnell, schnell! Wir brauchen dich!«, rief er mir schon vom Traktor aus zu, als ich auf sein Hupen hin an die Haustür geeilt kam. Mit dem linken Arm schlüpfte ich in den Mantel und ergriff meine Tasche. Während der paar Schritte vom Haus zum Traktor gelang es mir, den rechten Arm ebenfalls in den Mantelärmel zu manövrieren. Zuknöpfen konnte ich ihn aber erst, nachdem ich dem Sepp meine Tasche gereicht und mich selbst auf den Beifahrersitz hinaufgehangelt hatte. Durch den morgendlichen Berufsverkehr war der Schnee auf den Dorfstraßen weitgehend geschmolzen. Daher rumpelte der Misttrak, den der Bauer mit voller Geschwindigkeit durchs Dorf jagte, lautstark und heftig hin- und herschlingernd, dahin. Erschreckt blieben die Leute stehen und schauten ihm kopfschüttelnd nach. Sie wunderten sich wohl, wieso es einer so eilig haben konnte, seinen Mist auszubringen.

In der Dorfmitte mussten wir rechts in ein Seitental einbiegen. Wie froh war ich, dass der Sepp mich mit seinem Traktor abgeholt hatte, trotz des übel riechenden Anhängers. Normalerweise fuhr ich inzwischen stolz mit dem eigenen Auto, doch die Straße zum Grainerhof war im Laufe der Jahre durch Schmelzwasser und Regenfälle derart ausgewaschen und von tiefen

Rillen durchzogen, dass man sie mit einem normalen PKW kaum befahren konnte, ohne immer wieder aufzusetzen. Und das wollte ich meinem kostbaren Auto nicht zumuten. Und vielleicht zu Fuß mit der schweren Tasche nach oben zu wandern, wäre ebenso wenig vergnüglich und eine saubere Anstrengung gewesen.

Auf dem Hof angekommen, schickte mich der Bauer allein nach oben: »Den Weg kennst ja, und mich kannst eh nicht brauchen. Ich will derweil die nächste Fuhre Mist aufladen, damit ich sie noch ausbringe, bevor die Schneedecke zu dick wird.«

Mir war's nur recht. Ich wusste ja, dass seine Mutter im Haus war, die mir wie bei den früheren Entbindungen zur Hand gehen würde.

So eilig, wie wir alle das angenommen hatten, war es bei der Sanni dann doch nicht. Die Wehen kamen in einem Abstand von acht bis neun Minuten und wurden eher weniger als mehr, was auf eine sekundäre Wehenschwäche hindeutete. Eine Anomalie, die nicht selten vorkommt, deren Ursache jedoch in den meisten Fällen unbekannt ist. Bei der Sanni vermutete ich, dass es an ihrem Alter lag, denn sie hatte die Vierzig bereits um einige Jahre überschritten und die letzte Entbindung lag mehr als zehn Jahre zurück. In der Zwischenzeit hatte ihr Uterus anscheinend stärker Bindegewebe aufgebaut und dafür Muskelzellen eingebüßt. Eine muskelarme Gebärmutter aber kann sich naturgemäß nicht mehr so kräftig und häufig zusammenziehen.

Allerdings sah ich diese Wehenschwäche nicht als tragisch an. Da ließ sich durch Auflegen warmer Tücher oder ein bisschen Herumgehen bestimmt was machen. Wenn diese Hausmittelchen nicht halfen, gab es als letzte Möglichkeit noch verschiedene Medikamente, etwa eine Injektion, um die Wehen wieder auf Trab zu bringen. Nein, was mir mehr Sorgen bereitete, war der Bauch der Schwangeren.

Auweh, dachte ich, als ich den ersten Blick darauf geworfen hatte. Der gefiel mir überhaupt nicht, denn er war oben weiter vorgewölbt als unten, was eine Beckenendlage befürchten ließ, genauer gesagt eine Fußlage. Das Abtasten bestätigte meinen Verdacht: Ganz offensichtlich handelte es sich um eine komplette Fußlage, das heißt beide Füße des Kindes befanden sich im Beckeneingang. Da eine solche Geburt für das Kind immer Lebensgefahr bedeutete, durfte und wollte ich diese Entbindung nicht allein vornehmen. Nicht nur weil es die Vorschrift erforderte, sondern auch weil mir diese Situation zu brenzlig war, bestand ich darauf, dass der Sprengelarzt umgehend geholt werde. Also musste ich den Grainer, obwohl es seine Planung störte, erneut ins Dorf schicken. Wieder ratterte er mit seinem Misttrak los – diesmal hatte er sich erst recht nicht die Zeit genommen, den Streuer abzuhängen, obwohl der zur Hälfte beladen war.

Beruhigt kehrte ich zur Sanni zurück. Zunächst war die Situation nicht bedenklich. Das wurde sie erst in dem Moment, wenn der Kopf des Kindes ins Becken eintrat. Griff man dann nicht manuell ein, bestand Erstickungsgefahr, weil der Kopf in dem engen Becken die Nabelschnur womöglich abquetschte und damit die Sauerstoffzufuhr unterbrach. Bei der Sanni würde es wohl dank ihrer Wehenschwäche noch einige Zeit dauern, bis es so weit war. Trotzdem lief ich nervös hin und her, horchte immer wieder nach den Herztönen des Kindes. Ich hatte geahnt, dass noch unangenehme Überraschungen auf mich warteten – die Herztöne wurden plötzlich schwächer. Nun war ich zum Handeln gezwungen, denn die Geburt musste vorangetrieben werden. Ich injizierte der Sanni ein wehenförderndes Mittel, dabei inständig hoffend, dass der Arzt bald kam. Erwartungsgemäß kamen die Wehen wieder in Gang, allerdings mit solcher Heftigkeit, dass mir angst und bange wurde. Der Muttermund war bald handtellergroß geöffnet, und ich erkannte, dass die Geburt sich nicht mehr aufhalten ließ. Was sollte ich bloß tun? »Die Geister, die ich rief«, murmelte ich in Anlehnung an Goethes »Zauberlehrling«, den wir in Schülertagen hatten lernen müssen.

Aber bald fehlte mir die Zeit, Gedichtzeilen zu rezitieren. Es kamen die Füßchen, es kam der Steiß, nur mein Doktor kam nicht. Jetzt half alles nichts, jetzt musste ich handeln. Musste all das theoretische Wissen abrufen, das ich gespeichert hatte, und mir die Fälle vergegenwärtigen, bei denen ich während meiner Ausbildung assistieren musste. Ich packte folglich das Kind vorschriftsmäßig mit der linken Hand bei beiden Füßchen und wendete mit der rechten Hand genau den Griff an, den üblicherweise der Arzt macht, um die Arme des Kindes zu lösen. Wichtig ist dabei, dass man behutsam und ohne Hast, jedoch mit einer gewissen Entschlossenheit exakt die Drehungen und Wendungen vornimmt, die man in der Schule gelernt hat. Für den bei normalen Entbindungen so wichtigen Dammschutz blieb in diesem Moment keine Zeit und vor allem keine freie Hand.

In dem Augenblick, als das Kind bäuchlings auf meine linke Hand und meinen linken Unterarm flutschte, wurde die Tür aufgestoßen und mein guter alter Sprengelarzt stürmte herein. Mit einem Blick erfasste er die Situation: »Ja, da hätt ich mich ja gar nicht herzubemühen brauchen! Wie ich sehe, hast du mal wieder alles im Griff.«

Erleichtert lachte ich auf, aber mit Tränen in den Augen. In den letzten Minuten hatte ich doch arg unter Anspannung gestanden. Erst als ich mir das Kind auf die rechte Hand gekippt hatte und sein kräftiges Organ ertönte, war für mich die Sache gelaufen.

»Sie haben sich keineswegs umsonst herbemüht«, sagte ich. »Mir ist unter der Entbindung nämlich ein Malheur passiert. Sie müssen eine Dammnaht machen.«

Er schaute sich den Riss kurz an. »Ach, wegen einer solchen Kleinigkeit lässt du einen alten Mann mit dem Misttrak hierherauf karren. So etwas ist mir in meinem ganzen Leben noch nicht passiert. Und wie ich dich kenne, hättest das kleine Stückerl selbst besser nähen können als ich.«

»Dann wär Ihnen aber das Erlebnis mit dem Misttrak entgangen«, konterte ich.

»Da hast recht. Allein deswegen hat sich der Weg gelohnt.«

Angst

Meine Mutter hat immer gesagt: »Wenn du Angst hast, schau nach, was es ist. Meistens ist's nichts Schlimmes. Dann ängstigst du dich nicht umsonst und fühlst dich gleich wieder besser.«

An diese Worte musste ich denken, als ich eines Nachts auf dem Rückweg von einer Entbindung an der Ziegelei vorbeimusste, die sich unweit meines Hauses befand und wo sich kurz zuvor ein grausames Unglück ereignet hatte. Auf dem Gelände der Fabrik stand ein hoher, runder, sich nach unten verjüngender Betonbehälter, in den Lastwagen von der oberhalb befindlichen Rampe aus ihre Ladungen Sand hineinkippten, die am unteren Ende des Silos aus einer kleinen Öffnung auf ein Förderband zur Weiterverarbeitung rieselten. Bei Regen gab es das Problem, dass der Sand in dem nicht überdachten Behälter verklumpte. Als eines Tages mal wieder unten nichts herauskam, nahm die beherzte Frau des Ziegeleibesitzers eine lange Stange und stocherte vom oberen Rand her in dem Sand herum, um ihn wieder zum Fließen zu bringen. Dabei stürzte sie kopfüber in den Behälter und wurde bald von dem nachrutschenden Sand eingeschlossen. Kurz darauf schauten ihre Füße unten bei der Öffnung heraus. Sofort hinzueilende Arbeiter versuchten, sie herauszuziehen, doch das Loch war zu eng. Auch die Versuche der Werksfeuerwehr, die Frau von oben her zu retten, scheiterten. Als man sich endlich zu ihr vorgegraben hatte und sie bergen konnte, war sie bereits tot. Erstickt.

Ihr Tod ging mir sehr nah. Nicht nur weil sie eine Nachbarin von mir war, wegen ihrer netten, hilfsbereiten Art hatte ich sie besonders gemocht. Wie bei uns auf dem Land üblich, kamen die Nachbarinnen zusammen, um die Tote zu waschen und für die Beerdigung anzukleiden. Es war furchtbar. Überall Sand: in der Nase, im Mund, in den Augen, in den Ohren. Vor Eintritt des Todes muss sie schreckliche Minuten durchgemacht haben.

So weit die Vorgeschichte zu einer Entbindung, zu der ich bald darauf kurz nach dem Mittagessen gerufen wurde. Da es nicht weit war, konnte ich zu Fuß gehen. Sonja, die werdende Mutter, lebte noch nicht lange in unserem Ort. Ihr Mann Michael, von Beruf Dachdeckermeister, der im Betrieb des Vaters angestellt war, hatte sie von einer Reise mitgebracht. Das junge Paar wohnte in der oberen Etage von Michaels Elternhaus, einem stattlichen Neubau. Sonja, erst einundzwanzig Jahre alt, hatte eine wahnsinnige Angst vor dem, was in den nächsten Stunden auf sie zukommen würde. Und zwar deshalb, weil eine Tante vor Jahren bei der Geburt ihres ersten Kindes gestorben war. Und da sie, wie sie betonte, dieser Tante so ähnlich sehe, befürchtete sie nun für sich das gleiche Schicksal. »Ach, Unsinn«, versuchte ich ihr diese Furcht auszureden. »Das ist zwar sehr traurig, aber ein einmaliger Fall. So etwas geschieht nicht in Serie. Schau, deine Mutter, der du bestimmt auch ähnlich siehst, hat vier Kinder zur Welt gebracht und lebt noch immer.«

Ein bisschen schienen diese Worte zu wirken. Um sie weiter zu beruhigen, fuhr ich fort: »Ich werd dich jetzt ganz genau untersuchen, und sollte ich irgendwas entdecken, das nicht wirklich normal sein sollte, verständige ich sofort die Rettung. Die bringt dich dann umgehend ins Krankenhaus, wo man alle Möglichkeiten hat, damit dir und dem Kind nichts passiert.«

Zum Glück fielen meine Worte auf fruchtbaren Boden, denn sie schaute jetzt schon wesentlich zuversichtlicher drein als vorher. Wie üblich nahm ich zunächst den Bauch in Augenschein. Er war, wie er sein sollte: halbkugelig gewölbt und von längsovaler Form. Sehr beruhigend, weil wir es folglich bestimmt nicht mit einer Querlage zu tun hatten. Er war auch nicht übermäßig groß, sodass man weder mit einer Anomalie noch mit einer Zwillingsgeburt rechnen musste.

Blieb nur festzustellen, ob sich das Kind in der Hinterhauptlage befand. Zu diesem Zweck tastete ich den Bauch sorgfältig ab, wobei ich jeden meiner Handgriffe erklärte, um die nervöse Sonja zu beruhigen.

Ich ertastete den Steiß, als ich beide Hände oberhalb des Nabels seitlich auf den Bauch legte. Ein gutes Zeichen. Als Nächstes konnte ich ihr sagen, dass ich rechts den Rücken des Kindes fühlte. Der nächste Griff verriet mir, dass sich das Köpfchen genau in Ideallage befand. »Du hast also gar nichts zu befürchten. Wir werden eine ganz normale Geburt haben. Jetzt brauche ich mit dem Zirkel nur noch festzustellen, wie die Beckenmaße sind.«

Natürlich wollte ich ausmessen, ob das Becken weit genug war. Aber diese Formulierung vermied ich bewusst, um die Schwangere nicht erneut zu beunruhigen. Sollte das Becken für eine normale Entbindung zu eng sein, würde sie das noch früh genug erfahren. Wir hatten jedoch Glück: Auch hier war alles zufriedenstellend. »Nun muss ich dich nur noch abhorchen, damit wir wissen, ob es dem Kind gut geht.«

Dazu nahm ich mein Stethoskop und setzte es an verschiedenen Stellen des Bauches an. Der kindliche Herzschlag war kräftig und betrug hundertvierzig Schläge in der Minute. Was wollte man mehr? Auch der Punkt, an dem man das Herz am deutlichsten hören konnte, bestätigte mir, dass sich das Kind genau in der optimalen Lage befand. »Du kannst unbesorgt sein, Sonja. Es ist alles im Normbereich. Wir beide müssen nur Geduld haben und abwarten, bis sich der Muttermund weit genug geöffnet hat.«

Diese Wartezeit verbrachte ich nicht nur mit Ratschen und dem Trinken von Kaffee, mit dem mich die Schwiegermutter bestens versorgte, sondern auch damit, regelmäßig die Herztöne und die Fortschritte bei der Öffnung des Muttermunds zu kontrollieren. Gegen neunzehn Uhr war sie bereits handtellergroß. »Jetzt haben wir's bald geschafft, Sonja«, munterte ich die junge Frau auf.

Und so war es auch. Eine gute Stunde später ließ die neue Dachdeckergeneration ihre Stimme ertönen. Die frischgebackene Mama weinte vor Erleichterung und die jugendliche Oma vor Freude. Nachdem sich dann auch die Nachgeburt leicht gelöst hatte und Mutter und Kind wohlverpackt in ihren Betten lagen, wurden endlich Dachdecker junior und Dachdecker senior herbeigerufen, die ihrer Begeisterung über die

Geburt des kleinen Dachdeckers lebhaft Ausdruck verliehen. Vor lauter Freude wollte mich der Michael gleich heimfahren.

»So schnell wirst mich nicht los«, erklärte ich ihm. »Ich muss noch drei Stunden bei deiner Frau wachen.«

»Das kann ich doch auch machen«, bot er sich an. Ich staunte, denn so etwas war mir bisher nie untergekommen. Trotzdem musste ich das reizvolle Angebot ablehnen. »Das ist sehr nett von dir, aber das darf ich nicht. Außerdem: Was würdest du machen, wenn Unvorhergesehenes passiert?« Diese Frage war ganz offensichtlich ein Fehler gewesen, wie ich sogleich am ängstlichen Gesichtsausdruck der jungen Mutter merkte und ihrer bangen Frage. »Ja, Nanni, ist die Gefahr denn nicht vorbei?«

Auch ihrem Mann stand die Angst im Gesicht: »Ja meinst, da könnt noch was passieren?«

»Aber nein«, wehrte ich ab, »da passiert schon nichts. Es ist halt Vorschrift, dass ich bei jeder frisch Entbundenen drei Stunden wache, zur Sicherheit.«

»Ach so«, seufzten beide erleichtert auf. »Aber wennst in drei Stunden gehst, dann ist ja fast Mitternacht. Soll ich dich dann nicht doch heimfahren?«, bot sich der junge Mann an.

»Aber nein, nicht nötig. An nächtliche Heimwege bin ich gewöhnt. Leg du dich lieber aufs Ohr. Bestimmt hast einen anstrengenden Tag hinter dir, und morgen in der Früh geht's wieder heraus.«

Es war fünf Minuten vor Mitternacht, als ich die Haustür hinter mir zuzog. Frohgemut, weil alles so gut verlaufen war, machte ich mich auf den Heimweg. Obwohl es um mich her gespenstisch still war, dachte ich an nichts Böses. Kein Mensch war mehr unterwegs. Kein Auto brauste an mir vorbei. Von der ohnehin spärlichen Straßenbeleuchtung erlosch um Mitternacht jede zweite Laterne – die Gemeinde musste schließlich sparen.

Trotzdem war ich guten Mutes und schritt rüstig aus, soweit das meine schwere Tasche zuließ. Selbst als ich den Ortskern verließ und in dünner besiedelte Regionen kam, war ich unverändert guter Dinge. Hier gab es zwar überhaupt keine Straßenbeleuchtung mehr, aber meine Augen gewöhnten sich schnell an das Dunkel.

Je näher ich jedoch der Ziegelei kam, an der ich bereits so oft vorbeigegangen war, desto mehr breitete sich ein ungutes Gefühl in mir aus. Vor meinem geistigen Auge stieg das Bild der armen Frau auf, die auf so schreckliche Weise ums Leben gekommen war. Mit einem Mal packte mich unsägliche Angst, mein Herz begann zu rasen, mein Atem ging schneller. Unwillkürlich beschleunigte ich meine Schritte, um nur ja schnell von diesem mir unheimlichen Ort wegzukommen. In dem Moment überfiel mich der aberwitzige Gedanke, der Geist der Verunglückten könnte plötzlich vor mir auftauchen. Obwohl mir mein Verstand sagte, dass dies Unsinn sei, brach mir der Schweiß aus, und wie getrieben hastete ich weiter.

Vor mir, genauer gesagt zu meiner Linken, tauchte dann tatsächlich etwas auf, zum Glück kein Geist. Beim Näherkommen erkannte ich die Umrisse eines Lastwagens. Wieso stand der da? Das war merkwürdig und gefiel mir ganz und gar nicht. Wieder wollte mich Panik erfassen, als ich plötzlich an die Worte meiner Mutter denken musste: »Wenn du Angst hast, schau nach, was es ist.« All meinen Mut zusammennehmend, schlich ich um den LKW herum und entdeckte in der Finsternis schemenhaft zwei Gestalten, die mich offenbar ebenfalls bemerkten, denn blitzartig verzogen sie sich auf die andere Seite des Wagens. Ich vergaß meine Angst. Warum verdrückten sich die beiden so schnell vor mir? Meine Neugier war geweckt, denn ganz offensichtlich hatten die Typen etwas zu verbergen. Also folgte ich ihnen, bevor sie mir entwischen konnten. »Was habt ihr um Mitternacht hier zu suchen?«, stellte ich sie zur Rede.

Erleichtert lachten beide auf. »Ach, du bist es, Nanni. Du hast uns einen schönen Schrecken eingejagt«, sagte der eine. Der andere fügte hinzu: »Hast heut Nacht wieder Klapperstorch gespielt?«

Nun erkannte ich die »dunklen Gestalten« an ihren Stimmen. Es waren gestandene, redliche Männer aus der Nachbarschaft, die ich seit Langem kannte. Sie arbeiteten bei der Ziegelfabrik als LKW-Fahrer. »Ja«, gab ich zu, »aber was treibt ihr mitten in der Nacht hier?«

»Wir haben nur ein bisserl geratscht.«

»Wieso ausgerechnet hier?«, fragte ich in schulmeisterlichem Ton. Brav wie zwei Schulbuben gaben sie Auskunft: »Ja, weißt, wir sind eben erst von einer Tour aus Italien zurückgekommen«, erklärte der eine. »Und weil das Werkstor längst geschlossen ist, lassen wir unser Fahrzeug bis morgen hier stehen«, ergänzte der andere. »Du hast hoffentlich nichts dagegen?«

»Nein, jetzt wo ich es weiß, nicht mehr. Es muss halt alles seine Ordnung haben.« Ich lachte.

»Ja, ja, es ist gut, wenn einer auf die Ziegelei aufpasst«, scherzte der eine.

»Ich werd dem Chef vorschlagen, dass er dich auf die Gehaltsliste setzen soll«, flachste der andere. Dann machten wir uns alle drei in verschiedene Richtungen auf den Heimweg.

Ein Sonnenschein

Für mich als Hebamme war es nach einer Geburt immer der schönste Lohn, der Mutter ein gesundes Kind in den Arm legen zu können. Dann verflog schlagartig die Müdigkeit einer durchwachten Nacht, und ich genoss es zu sehen, wie die Frauen, ob es nun ihr erstes oder ihr sechstes Kind war, in diesem Moment alle durchlittenen Schmerzen und Anstrengungen vergaßen.

Aber es gab ebenso jene Fälle, wo ich den Eltern schonend eröffnen musste, dass mit dem Neugeborenen nicht alles so war, wie sie es vorausgesetzt hatten, dass es Zeichen von Krankheit aufwies, eine Anomalie oder eine Behinderung. Das waren dann schwere Stunden, auch für mich.

So wurde ich einmal zu einer Bäuerin am Ortsrand unseres Nachbardorfes gerufen. Kein sonderlich weiter Weg also, und da es früher Herbst und alles noch schnee- und eisfrei war, fuhr ich mit dem Rad dorthin. Die Schwangere war noch jung, etwa Mitte zwanzig, und erwartete ihr erstes Kind. Die Geburt zog sich quälend lang hin, fast über den ganzen Tag, doch am Ende konnte die Mutter nicht erleichtert und glücklich aufatmen, sondern musste einen Schicksalsschlag verkraften, denn ihr Wunschkind war mit einer Behinderung geboren worden, dem Down-Syndrom, auch Trisomie 21 genannt.

Zwar schrie das Kind spontan, was auf eine funktionierende Atmung hinwies, und es brachte ein normales Gewicht auf die Waage. Doch es zeigte mit dem abgeflachten Hinterkopf, dem auffallend breiten, flachen Nasenrücken und den schlitzförmigen Augen mit nach innen gerichteter schräger Lidfalte die typischen Merkmale von Mongolismus. So wurde diese Behinderung lange Zeit nicht nur umgangssprachlich, sondern auch offiziell bezeichnet.

Geprägt wurde dieser Begriff 1866 von dem englischen Neurologen John Langdon-Down, der diese Form der Behinderung erstmals beschrieb. Er gab ihr diesen Namen, weil die Gesichtszüge der Kinder Ähnlichkeiten aufweisen mit denen von Angehörigen der mongolischen Rasse. Die Ursache dieser Anomalie war lange Zeit unbekannt. Erst 1959 entdeckte der französische Arzt Jérôme Lejeune, dass bei den Betroffenen das Chromosom 21, das in jeder menschlichen Zelle zweimal vorhanden ist, bei diesen Menschen dreimal auftritt, daher auch die Bezeichnung Trisomie 21. Im Jahre 1965 stellte die Mongolei bei der Weltgesundheitsorganisation den Antrag, die Bezeichnung Mongolismus nicht mehr zu verwenden, welchem stattgegeben wurde. Bei der Änderung des Namens für diese Erscheinungsform ging es also nicht um die Gefühle der Menschen, die mit diesem Extra-Chromosom behaftet sind, als vielmehr um die Gefühle der Angehörigen der mongolischen Rasse.

Das Problem beim Down-Syndrom besteht darin, dass diese Kinder neben ihrem auffallenden äußeren Erscheinungsbild und der geistigen Behinderung häufig zusätzliche gesundheitliche Beeinträchtigungen aufweisen wie Seh- und Hörstörungen, Herzfehler oder eine Schädigung des Verdauungstrakts. Daher starb früher ein Großteil noch vor der Pubertät, inzwischen jedoch hat sich nicht nur die gesundheitliche Perspektive für diese Menschen gebessert, sondern auch ihre geistige Förderung, die viele zumindest partiell an ein selbstbestimmtes Leben heranführt.

Man geht davon aus, dass sich mit steigendem Alter der Eltern das Risiko für die Entstehung des Down-Syndroms erhöht. Deshalb war ich sehr überrascht, eine so junge Frau von einem Kind mit dieser Anomalie zu entbinden. Doch Ausnahmen bestätigen die Regel.

Was sollte ich jetzt der Mutter sagen? Große Erklärungen wusste ich damals noch keine, und wenn, sie hätten vermutlich keinen Trost gespendet. Aber irgendetwas musste ich tun, um die junge Frau vorzubereiten, bevor ich ihr das Kind in den Arm legte.

Ich begann mit behutsamen Andeutungen. Kinder würden nicht immer nach unseren Wünschen ausfallen, es kämen gelegentlich Abweichungen von der Norm vor, aber sie müsse wissen, dass gerade solche Kinder meist sehr liebevolle und liebebedürftige Geschöpfe seien. Tapfer nickte die Wöchnerin und streckte die Hände nach dem Baby aus. Als sie ihm jedoch ins Gesicht schaute, brach sie in Tränen aus und war lange Zeit nicht ansprechbar. Vermutlich begriff sie erst in diesem Moment die ganze Tragweite. Auch für den Bauern, der wenig später vom Feld kam, war es ein schwerer Schlag, kein gesundes Kind begrüßen zu können. Dennoch versuchte er, seine Frau zu trösten, so gut es ging.

»Woher kommt so etwas?«, wollten die beiden von mir wissen. »Ja, mir ist das auch unerklärlich. Normalerweise sagt man, wenn die Eltern schon ziemlich alt sind – aber bei euch, ihr seid ja beide weit unter dreißig, ist es mir ein Rätsel.«

»Bedeutet das, dass wir nur solche Kinder bekommen werden?«, tastete sich der Vater einen Schritt näher an das Problem heran.

»Auf keinen Fall. Mir ist keine Familie bekannt, in der es mehrere Kinder mit dieser Anomalie gegeben hat. Das scheint immer ein einmaliger Ausrutscher der Natur zu sein. So jung, wie ihr seid, könnt ihr noch eine Menge gesunder Kinder kriegen.«

Meine Worte müssen den jungen Leuten Mut gemacht haben, denn schon zwei Jahre später kam das nächste Kind, ein gesundes Mädchen zur Welt. Wieder anderthalb Jahre später wurde ich erneut in dieses Haus gerufen, und diesmal war es der ersehnte Stammhalter, ein strammer Bursche, der seiner Mutter allerdings ganz schön zu schaffen machte, bis er da war. Weitere gesunde Kinder folgten, und bei jedem meiner Besuche konnte ich beobachten, wie liebevoll die Geschwister mit ihrer ältesten, behinderten Schwester umgingen.

»So sehr ich anfangs darunter gelitten hab, dass unsere Klara nicht normal ist«, gestand mir die Bäuerin bei einem meiner letzten Besuche, »so sehr ist sie mir inzwischen ans Herz gewachsen. Und allen anderen auch. Wir möchten sie nimmer missen, denn sie ist wirklich der Sonnenschein der Familie geworden.«

Das Räuscherl

Irgendwo hatte die Scheibner Antonie aufgeschnappt, dass es beim Entbinden nicht wehtäte, wenn man einen Rausch hat. Dass eine Geburt normalerweise eine schmerzhafte Angelegenheit war, das wusste sie aus eigener Erfahrung, hatte sie doch zwei Jahre zuvor einen kräftigen Buben zur Welt gebracht. Ihr zweites Kind wollte sie nun in meinem Entbindungszimmer bekommen. Dabei sahen ihre Geburtsvorbereitungen so aus, dass sie sich beizeiten eine große Flasche Obstler kaufte.

Kaum hatten bei ihr die Wehen eingesetzt, nahm sie, bevor sie bei mir anrief und ihr Kommen ankündigte, erst mal einen kräftigen Schluck. Dann marschierte sie mit ihrem Einkaufskorb los, in dem sie nicht nur die Wäsche für sich und das zu erwartende Kind verstaut hatte, sondern auch ihre Flasche Obstler. Die lag griffbereit obenauf. Unterwegs muss sie immer wieder eine kurze Rast eingelegt haben, um sich von ihrem »Betäubungsmittel« zu bedienen, denn als ich auf ihr Klingeln hin die Haustür öffnete, stand sie schwankend davor. »Nanni«, lallte sie, indem sie mir die Schnapsflasche entgegenstreckte, »trink auch ein bisserl. Mit einem Räuscherl tun wir uns beide bestimmt leichter.«

»Aber Antonie!«, sagte ich in vorwurfsvollem Ton, »du kannst von mir aus einen Rausch haben, aber ich brauch einen klaren Kopf.«

Just in diesem Moment kam die junge Ärztin auf der Straße vorbei, die sich vor einigen Monaten bei uns im Ort niedergelassen hatte und bei der die Antonie die Praxis putzte, um sich ein paar Schillinge zu verdienen. Als sie die werdende Mutter mit der Schnapsflasche in der Hand erblickte, blieb sie stehen, schüttelte den Kopf und schaute uns beide fragend an. »Frau Doktor, die Antonie meint, mit einem Rausch würde sie die Entbindung schmerzfrei überstehen.«

»Aber Antonie, das ist doch blanker Unsinn! Wer hat Ihnen denn so etwas eingeredet?«

»Das hab ich halt irgendwo gehört«, lallte sie.

»Antonie, Alkohol in Ihrem Zustand ist nicht gut. Und nützen tut's auch nichts.«

Die werdende Mutter glaubte ihrer Arbeitgeberin kein Wort. Sie schwor auf ihre Medizin und nahm einen weiteren kräftigen Schluck. Kopfschüttelnd setzte die Ärztin ihren Weg fort, während ich meine berauschte Schwangere zu ihrem Bett führte. Ehe sie sich darauf niederließ, griff sie abermals zu ihrer Flasche und sagte entschlossen: »So, Nanni, jetzt packen wir's.«

Dass der Alkohol keinerlei schmerzlindernde Wirkung zeigte, davon konnten wir uns bald überzeugen. Bei der Ausstoßphase schrie die Antonie nämlich genauso wie bei ihrer ersten Entbindung. Ihr Zustand hätte sogar ein erhebliches Problem heraufbeschwören können, falls irgendwelche Medikamente wie wehenfördernde oder blustillende Mittel notwendig geworden wären. Ihr die zu verabreichen bei diesem Alkoholspiegel, das würde ich mich nicht getraut haben. Doch wir hatten Glück und brauchten nichts dergleichen. Die Geburt ging schnell und komplikationslos vonstatten und bescherte der Antonie einen zweiten Buben. Er schrie spontan, schlief aber bald ein, noch ehe ich ihn gebadet hatte. Das war ungewöhnlich und mit Sicherheit dem Obstler zu verdanken.

Ich weiß nicht, ob es damit zusammenhängt, aber genau dieser Junge griff schon in der Pubertät regelmäßig zur Flasche. Man weiß inzwischen ja, dass die Kinder alkoholabhängiger Mütter sehr häufig Schäden davontragen und später selbst suchtgefährdet sind. Ob bei der Antonie der Vollrausch während der Entbindung bereits ausgereicht hat, um solch schreckliche Folgen auszulösen, ist vielleicht umstritten, doch hat sie sich später sehr große Vorwürfe deswegen gemacht und ist zu all ihren folgenden Entbindungen völlig nüchtern erschienen. Jedenfalls habe ich nach den Erlebnissen mit dem Räuscherl zur vorgeblichen Schmerzbekämpfung alle jungen Mütter gewarnt, solchen Märchen nur ja nicht aufzusitzen. Sie helfen nicht und gefährden nur die Gesundheit des Kindes.

Die schwangere Hebamme

Gab es zu Beginn meiner beruflichen Laufbahn einige Engpässe und Hürden, so hatte ich es mittlerweile gut in den Griff bekommen, Beruf und Familie zu vereinbaren. Meine beiden Kinder, sieben und achteinhalb Jahre alt, besuchten die Schule und waren zumindest vormittags gut versorgt. Und kamen sie wirklich einmal heim und fanden die Mama nicht zu Hause vor, dann konnten sie sich schon selbst etwas zu essen machen. In der Speisekammer fanden sie meist Reste vom Vortag, die sie nur aufzuwärmen brauchten. Das war wirklich nicht problematisch, zumal ich mir inzwischen den »Luxus« geleistet hatte, meine Küche mit einem Elektroherd auszustatten. Waren mal keine Reste vorhanden, schnitten sie sich einfach eine Scheibe Brot herunter, bestrichen sie mit Butter und Marmelade und stillten so den ärgsten Hunger, bis ich wieder auf der Bildfläche erschien. Meist setzten sie sich nach dem Essen gleich hin und erledigten ihre Hausaufgaben.

Gerade als sich alles so schön eingependelt hatte, meine Kinder bereits recht selbstständig waren und unser Leben in geordneten Bahnen hätte verlaufen können, blieb meine Periode aus. Bedeutete das etwa, dass …? Nun ja, warum sollte eine Hebamme nicht auch ein Kind kriegen? Anfangs verlief alles ganz unproblematisch, sodass ich meinem Beruf weiterhin nachgehen konnte. Was nicht zuletzt daran lag, dass meine Schwangeren zur Abwechslung mal vernünftig waren und ihre Kinder untertags bekamen. Aber diese angenehme Situation war leider nicht von langer Dauer, denn gegen Ende des dritten Monats ging es rund. Es war wie verhext: Alle schienen sich abgesprochen zu haben, innerhalb von zwei Tagen meine Hilfe zu benötigen. Am Tag wie in der Nacht!

Es begann mit einer nächtlichen Geburt, was nicht so schlimm gewesen wäre, hätte ich am Tag darauf den versäumten Schlaf nachholen können. Ging aber nicht, denn jetzt drängten gleich zwei Kinder zur Welt, und, um dem Ganzen die Krone aufzusetzen, wurden meine Dienste in der folgenden Nacht sofort wieder gebraucht. Kein Wunder, dass mein Körper nach zwei Tagen Schlafentzug streikte. Zu meinem Erschrecken entdeckte ich am Morgen nach der zweiten durchwachten Nacht bei mir eine leichte Blutung. Höchstes Alarmzeichen! Es drohte eine Fehlgeburt. Schließlich war ich als Hebamme ja mit diesen Dingen bestens vertraut. Nach meinen Erfahrungen gab es drei Ursachen für Fehlgeburten: erstens eine hormonelle Schwäche, zweitens einen organischen Schaden beim Fötus, drittens äußere Gewalteinwirkung beziehungsweise Überanstrengung der Mutter.

Ich hatte schon oft erleben müssen, dass es bei einigen Frauen überhaupt nicht klappen wollte mit dem Nachwuchs, weil jede neue Schwangerschaft aufgrund einer hormonellen Insuffizienz mit einer Fehlgeburt endete. Bestand eine solche Neigung, war auch die Medizin, damals zumindest, meist machtlos. Da war oft eine Adoption die einzige Lösung.

Anders die zweite Gruppe, bei der die Fehlgeburt durch einen nicht intakten Fötus ausgelöst wurde. Diese Mütter pflegte ich damit zu trösten, dass sie bestimmt später gesunde Kinder bekommen würden, teilweise hatten sie bereits welche und konnten so den Verlust besser akzeptieren. Vielleicht war ihnen auf diese Weise ja auch viel Kummer mit einem kranken Kind erspart geblieben.

Um all die verschiedenen Möglichkeiten wissend, war ich trotzdem sicher, dass bei mir die beginnenden Probleme nur mit Überanstrengung zu tun haben konnten. Deshalb zögerte ich nicht lange, sondern rief gleich die Rettung an, um auf dem schnellsten Weg in die Klinik gebracht zu werden.

Während der kurzen Zeit, die ich auf den Sanka wartete, raffte ich nicht nur ein paar Sachen zusammen, sondern benachrichtigte meine Tante, damit sie sich um meine Kinder kümmerte, was sie ohnehin oft tat, wenn ich sie allein lassen musste. Ferner bat ich die Kollegin vom Nachbarsprengel telefonisch, nach meinen Wöchnerinnen zu sehen, die noch der Wochenpflege bedurften.

Die Burschen von der Rettung, die kurz darauf vor meinem Haus hielten, waren mehr als erstaunt, dass diesmal ich selbst es war, die sie mit Tatütata ins Spital bringen mussten. Es war die richtige Entscheidung gewesen. An medizinischer Versorgung brauchte ich nicht viel, es war die verordnete Zwangspause, die mir baldige Genesung brachte. Richtig Urlaub war das für mich, die Ruhe war die wirksamste Therapie. Rund um die Uhr wurde ich verwöhnt, bekam das Essen serviert, wurde sogar im Bett gewaschen und frisiert.

Und, auch das eine Seltenheit, mein Mann kam mit einem Blumenstrauß.

Am dreizehnten Tag schickte mich der Stationsarzt nach Hause. »Sie können Ihren alltäglichen Pflichten ohne Weiteres nachgehen. Nur eines dürfen Sie nicht: Geburtshilfe leisten.«

»Auch nicht tagsüber?«, wagte ich eine schüchterne Anfrage.

»Nein, auch das nicht. Sonst stehen Sie bald wieder vor der Tür. Denn wo wollen Sie die Grenze ziehen? Sie wissen doch selbst, dass manche Entbindung am helllichten Tag beginnt und sich bis weit in die Nacht hinzieht.«

»Stimmt«, sagte ich. »Das muss ich zugeben.«

»Also, keine Entbindungen! Versprochen?«

Ich nickte. »Ich gebe Ihnen noch ein Attest, dass Sie bis zur Geburt Ihres Kindes krankgeschrieben sind.«

Während der verbleibenden Zeit der Schwangerschaft hielt ich mich strikt an die Anweisungen des Arztes. An den Gemeindetafeln ließ ich anschlagen, dass ich für einige Monate außer Dienst sei und die Hebamme vom Nachbarsprengel für mich die Vertretung übernehmen würde. Auch in der Tageszeitung stand eine entsprechende Notiz. Dennoch ging immer wieder mal ein Anruf bei mir ein, oder es erschien ein werdender Vater an meiner Haustür, der meinte, bei seiner Frau könnte ich vielleicht eine Ausnahme machen.

»Das geht nicht«, beharrte ich auf meinem Standpunkt. »Wenn ich bei euch eine Ausnahme mach, muss ich das auch bei anderen tun. Und was ist nachher? Womöglich verliere ich dadurch mein Kind und den

Versicherungsschutz dazu, weil ich im Krankenstand gearbeitet hab.«

Das leuchtete den Vätern und Müttern ein. So gingen die Monate dahin. Als schließlich die Wehen bei mir einsetzten, rief ich meine Kollegin Anna an. Es war an einem klirrend kalten Februartag, und auf den Straßen der Dörfer lag eine festgefahrene Schneedecke. Dennoch war die Anna schnell zur Stelle – mit eigenem Wagen und Winterreifen für sie kein Problem. Auch bei mir ging alles ganz rasch, wie sich das für eine Hebamme gehört. Ohne großes Aufheben kam mein drittes Kind auf die Welt, ein süßes Mädchen, Angelika, an dem wir später alle viel Freude hatten.

Bloß die Nachgeburt wollte und wollte nicht kommen. Aber noch dachte ich nicht ans Krankenhaus. Es verstrichen vierzig Minuten, fünfzig Minuten. Auch nach einer Stunde rührte sich nichts. Meine Geburtshelferin wurde allmählich nervös. »Sollten wir nicht die Rettung bestellen?«, fragte sie. Ich beruhigte sie: »Solange keine Blutung einsetzt, besteht keine Gefahr. Warten wir noch ein bisserl zu.«

Doch nachdem weitere zehn Minuten verstrichen, ohne dass sich etwas getan hätte, wurde ich ebenfalls unruhig: »Jetzt sollten wir lieber die Rettung verständigen.«

Es waren dieselben Burschen, die mich auch einige Monate zuvor ins Spital gefahren hatten.

»Schon wieder du?«, fragten sie ungläubig. »Das soll wohl zu einer Dauereinrichtung werden?«

»Redet nicht lang«, schnitt ich ihnen das Wort ab, »packt mich in euren Sanka und ab die Post.« Auf einer Trage brachten sie mich zu ihrem Fahrzeug, während die Hebamme das Neugeborene mitnahm. Um meine beiden Großen brauchte ich mir keine Sorgen zu machen, denn die hilfsbereite Tante war bereits am Morgen erneut bei uns eingezogen.

Im Kreißsaal, gerade als der Arzt die Narkose machen wollte, um die Plazenta ablösen zu können, setzten bei mir die Wehen ein. »Moment mal!«, rief ich. Und im Nu war sie da, so sehnlich erwartet, vollständig und ohne Fehl und Tadel. Da ich aber schon mal im Spital war, blieb ich gleich mit meinem Kind dort und ließ mich wieder rundum verwöhnen. Am zehnten Tag wurde ich, wie damals üblich, nach Hause entlassen. Und in der Nacht zum elften Tag schrillte bei mir das Telefon. Aha, die Pflicht ruft, dachte ich und nahm den Hörer ab.

Das Kind von der Brücke

Ich hatte die Gisela gelegentlich in Kirchfeld gesehen und wusste, dass sie als Küchenmädchen in einem Hotel in Kirchfeld arbeitete und dort auch wohnte. Später lernte ich sie näher kennen. Sie war ledig, dreiundzwanzig Jahre alt und erwartete ihr zweites Kind. Das erste, zu der Zeit fünf Jahre alt, lebte bei ihrer Mutter in einem kleinen Dorf in Bayern, wo es auch zur Welt gekommen war. Giselas Chefin machte kein großes Aufheben davon, dass eines ihrer Küchenmädchen schwanger war, sondern empfahl ihr sogar, für die Niederkunft meine kleine Entbindungsstation im Altersheim aufzusuchen. Sie meinte, das sei für eine ledige Mutter ein guter Ort, weil sie und das Kind für die Zeit des Wochenbetts dort bestens aufgehoben seien.

Als bei Gisela die Wehen einsetzten, marschierte sie also tapfer zu dem Heim, während die Hotelbesitzerin mich persönlich anrief, damit auch ich mich auf den Weg machte. Als ich bei der Schwangeren eintraf, folgten die Wehen schon ziemlich dicht aufeinander, und kaum hatten wir die nötigen Vorbereitungen erledigt, ging es Schlag auf Schlag: Presswehe, Hecheln, Pressen, und schon war ein kräftiger Bub von dreitausendfünfhundert Gramm geboren. Für mich gehörte die Entbindung zu den einfachen, bei denen kein besonderer Einsatz meinerseits vonnöten war. Deshalb erstaunte es mich sehr, dass die junge Mutter mich in den höchsten Tönen lobte: »Nein, Nanni, das hast ja so gut gemacht!«

»Aber geh, Gisela, das war von meiner Seite doch nichts Besonderes. Du warst es, die meine Kommandos so brav befolgt hat.«

»Dann waren deine Kommandos eben gut. Jedenfalls war das zu meiner ersten Entbindung ein Unterschied wie Tag und Nacht.«

»Na ja«, versuchte ich ihr Lob weiter abzuschwächen, »beim ersten Mal ist's immer schwerer, weil der Weg ja gebahnt werden muss.«

»Das allein war's nicht, Nanni, glaub mir, du bist da mit mehr Zartgefühl rangegangen als meine damalige Hebamme. Deshalb steht fest, mein nächstes Kind krieg ich wieder bei dir.«

Ich lächelte: »Ja, wennst dir das einbildest, Dirndl, ich hab nichts dagegen. Bevor du aber ans nächste Kind denkst, solltest erst mal ans Heiraten denken.«

»Ja, ich weiß. Daran hab ich schon gedacht, mehr als einmal, das kannst mir glauben. Aber der Christoph, der Vater von meinem Dirndl, hat mich einfach sitzen lassen. Und der Franz, der Vater von dem Buben, hat mir vorher hoch und heilig die Ehe versprochen. Als er aber erfuhr, dass ich in anderen Umständen war, suchte er das Weite.«

»Ja, ja«, seufzte ich. »Solche Mannsbilder gibt's. Tun einem recht schön, und dann machen sie sich aus dem Staub. Musst halt schauen, dass du den nächsten zuerst aufs Standesamt ziehst, eh du dich mit ihm einlässt.«

»Dank dir schön für den Rat. Ist zwar gut gemeint, aber ich weiß net, ob man auf diese Weise einen Ehemann findet.«

Nachdem ihre Wochenpflege herum war, entließ ich die Gisela mit den besten Wünschen. Sie wollte die restliche Zeit des Mutterschutzes mit dem Kleinen in ihrem Elternhaus verbringen, um gleichzeitig mal wieder mit der Tochter zusammen zu sein. Danach sollte der Bub in eine Pflegefamilie, bis sie ihn eines Tages, wenn sie hoffentlich in geregelten Verhältnissen lebte, zu sich holen könnte.

Das nächste Mal begegnete mir die Gisela anderthalb Jahre später. Freudestrahlend erzählte sie mir, dass sie in der nächsten Woche heiraten werde.

»Gratulier dir! Hast endlich einen gefunden, der erst mit dir aufs Standesamt geht?«

»Ganz so ist's nicht«, druckste sie ein wenig herum. »Ich bin – also er wollte –, ich bin schon wieder schwanger.«

»Und er will dich trotzdem heiraten?«

»Ja, das ist ihm grad recht. Genauer gesagt, er hat das zur Bedingung gemacht.«

Ich verstand nicht ganz: »Was hat er zur Bedingung gemacht?«

»Dass ich vorher schwanger werd. Er ist nämlich Bergbauer und will sichergehen, dass es auch mit dem Nachwuchs klappt.«

»Hast ihm nicht erzählt, dass du bereits zwei Kinder hast?«

»Doch, schon. Was mich anbetrifft, war er ganz beruhigt. Aber er wollt ausprobieren, ob's von seiner Seite ebenfalls in Ordnung ist.«

Ich lachte von ganzem Herzen: »So kann man auch an die Sache rangehen. Und wann soll's so weit sein?«

»Kannst dich drauf einrichten, dass ich so Ende März zu dir komm, diesmal in dein privates Entbindungszimmer, das du ja mittlerweile hast.«

»Auweh, das sieht schlecht aus«, wehrte ich ab.

»Wieso? Was hast?«

»Ich muss dir ein Geheimnis anvertrauen. Das weiß bis jetzt noch niemand. Ich bin selbst schwanger. Und genau Ende März soll mein viertes Kind kommen.«

»Nein, was du nicht sagst! Aber das macht doch nichts. Die beiden müssen ja nicht an ein und demselben Tag kommen. Wenn das deine ein bisserl früher oder ein bisserl später kommt, kann ich trotzdem bei dir entbinden.«

»Vielleicht klappt's ja. Du solltest dich aber nicht darauf versteifen, sondern dich vorsichtshalber um eine andere Geburtshelferin bemühen. Die Anna vom Nachbarsprengel ist eine ganz liebe Person. Die hatte ich bei meinem dritten Kind selbst, und die werd ich mir auch zur Geburt des vierten bestellen.«

In der Tat war es so gewesen, dass meine Kleine noch nicht aus den Windeln war, als sich der Storch ein viertes Mal anmeldete. O je, muss das sein, hatte ich geseufzt und mir gleich darauf selbst Mut zugesprochen: Bis jetzt bist mit dreien ganz gut zurechtgekommen, also wirst es auch mit vieren schaffen. Und wirklich waren die beiden Großen inzwischen sehr vernünftig, und die Franzi stellte sich als Kindsmagd überdies sehr geschickt an. Außerdem war da im Hintergrund meine Tante, immer bereit einzuspringen, wenn ich sie brauchte.

Die Fehler, die ich bei der dritten Schwangerschaft gemacht hatte, wollte ich diesmal tunlichst vermeiden und traf eine Vereinbarung mit der Kollegin vom Nachbarsprengel, dass sie ab drei Uhr nachmittags bis sechs Uhr Früh zuständig war, denn dadurch ersparte ich mir die kraftraubenden Nachtentbindungen und schonte mich und das ungeborene Kind.

Zwei Tage vor dem errechneten Termin ging es bei mir los. Wie vereinbart rief ich wieder die Anna, und diesmal kam nicht nur das Kind zügig, sondern auch die Nachgeburt, sodass ich während des Wochenbetts in meinem eigenen Entbindungszimmer blieb und mich von meiner Kollegin betreuen ließ.

Am fünften Tag nach der Geburt meiner kleinen Julia ging bei mir das Telefon. Wer war dran? Die Gisela. »Nanni, gut dass du daheim bist. Bei mir geht's los. Du musst sofort kommen.«

»Nein, Gisela, das geht nicht. Ich hab selbst erst vor fünf Tagen entbunden.«

»Ja, gut, dann komm ich zu dir.«

»Nein, Gisela, das geht auch nicht. Ich bin noch nicht in der Lage, eine Entbindung durchzuführen.«

»Ach geh, Nanni, red doch keinen Schmarrn! Ich mach mich sofort auf den Weg. Bei mir kommen die Wehen alle zehn Minuten.«

»Nein, nein, Gisela!«, wehrte ich mich vehement. »Bleib, wo du bist. Ich kann dich wirklich auf gar keinen Fall entbinden. Dazu bin ich selbst noch viel zu wackelig auf den Beinen. Ruf die Anna vom Nachbarsprengel an.«

»Nein, das mach ich nicht«, blieb sie hartnäckig. »Eine Fremde will ich nicht an meinem Bett haben. Du bist meine Hebamme, und du musst die Entbindung machen.«

»Gisela, sieh doch ein, dass es nicht geht«, beschwor ich sie. »Ich kann's wirklich nicht.«

Jetzt wurde sie richtig böse: »Ach, red nicht so dumm daher! Gleich bin ich bei dir.« Schon hatte sie aufgelegt. Was soll ich nur machen, wenn die hierherkommt, überlegte ich. Das Bett war ja nicht mal frei, denn in dem lag ja ich. Freilich, ich hätte in mein eigenes Bett umziehen können, aber wer sollte das Wochenzimmer herrichten? Selbst zum Beziehen des Bettes fühlte ich mich zu schwach. In meiner Not rief ich die Anna an, die zum Glück daheim war. Ich erklärte ihr kurz, um was es ging, und bat sie her. Sie versprach, sofort loszufahren.

Beunruhigt lag ich in meinem Bett und harrte der Dinge, die da kommen würden. Aber es tat sich nichts. Es kam keine Gisela, und es kam keine Anna. Minute um Minute verstrich. Sollte es sich die Gisela doch überlegt und die Anna zu ihrem Bergbauernhof bestellt haben? Nachdem eine gute Stunde vergangen war, hielt ich es nicht mehr aus. Teils aus Besorgnis, teils aus Neugier rief ich bei der Gisela an. Ihre Schwiegermutter war am Apparat. »Ach, du bist's, Nanni. Wir haben unser Kind schon.«

»Da bin ich aber erleichtert. Die Anna ist also gleich zu euch gekommen?«

»Nein, ganz anders war's.«

Und dann erzählte sie mir eine schier unglaubliche Geschichte. Unbelehrbar, wie die Gisela war, marschierte sie sofort nach dem Anruf bei mir los, mit ihrem Köfferchen in der Hand. Es war ein gutes Stück, das sie bis zum Dorf hinabsteigen musste. Obwohl die Wehen immer dichter aufeinanderfolgten, setzte sie ihren Weg unbeirrt fort. Bis zur Brücke, die über den Wildbach führt, schaffte sie es noch, doch dann meldete sich das Kind mit aller Macht. Es war Ende März, es war kalt, und es lag sogar noch etwas Schnee. Da stand die Gisela nun auf der Brücke, zehn Minuten von meinem Haus entfernt, und ihr Kind drängte unaufhaltsam nach draußen. In ihrer Not ging die junge Frau in die Hocke, lehnte sich mit dem Rücken an das Brückengeländer und fing das Kind mit den Händen auf. Kein Mensch weit und breit. Immerhin besaß die Gisela so viel Geistesgegenwart, dass sie ein Frotteetuch aus ihrem Köfferchen kramte, das Neugeborene darin einwickelte und in ihrem Rock barg.

Wie lange sie dort gesessen hat, bis endlich ein Passant des Weges kam, weiß sie nicht. Der fragte, ob ihr schlecht geworden sei und ob er helfen könne.

»Nein, schlecht ist mir nicht, ich hab bloß ein Kind gekriegt«, antwortete die Gisela und deutete auf ihr wimmerndes Bündel. Der Mann fiel fast in Ohnmacht. »Um Gottes Willen, du musst hier fort. Ihr erfriert ja sonst alle beide. Aber wie soll ich euch fortschaffen?«

In alle Richtungen hielt er Ausschau nach einem Auto, aber damals gab es bei uns nicht gerade viele. Als sich endlich eines der Brücke näherte, sprang der Mann auf die Straße, um es zum Halten zu zwingen. Sofort wurde die Scheibe heruntergekurbelt: »Was gibt's?«

»Hier sitzt eine Frau, die grad ein Kind gekriegt hat, könnten …«

Weiter kam er nicht. Schon war die Fahrerin aus dem Wagen gesprungen und eilte auf die hockende Gestalt zu: »Um Gottes Willen! Bist du die Gisela?«

So kam es, dass meine Kollegin Anna mit Unterstützung des fremden Mannes die Gisela mitsamt ihrem Kind in ihr Auto lud und sie zurück auf den Berghof brachte. Dort erst nabelte sie die eiskalte Kleine ab und steckte sie schnell in warmes Wasser, um sie aufzuwärmen.

Nachdem bis hierher Giselas Schwiegermutter erzählt hatte, kam meine Kollegin an den Apparat und berichtete: »Mutter und Kind wohlauf! Du brauchst dir keine Sorgen zu machen. Auch mit der Nachgeburt ist alles in Ordnung. Wenn ich hier fertig bin, komm ich zu dir zur Wochenpflege.«

Danach hat die Gisela, zu ihrer größten Zufriedenheit, noch zweimal bei mir entbunden. Sie hat es mir offensichtlich nicht nachgetragen, dass ich damals nicht hatte für sie da sein können. Was soll ich sagen? Dieses dritte Kind, das auf der Brücke zur Welt kam und Maxi genannt wurde, besuchte später mit meiner jüngsten Tochter dieselbe Klasse. Ihre ganze Schulzeit über saßen sie nebeneinander und waren die dicksten Freundinnen.

Dieses Kind ist außerdem wesentlich ruhiger als die drei anderen. Bei denen hatte ich manchmal ein richtiges Trommelfeuer im Bauch, während ich diesmal nur ganz sanfte Bewegungen spüre. Und schauen Sie mich an! Dafür, dass gestern schon der Termin gewesen wäre, seh ich doch auffallend schlank aus. Bei den anderen Schwangerschaften bin ich auseinandergegangen wie ein Hefekloß. Ich freu mich ja schon so auf meine Tochter. Der kann ich dann endlich all die süßen rosa Kleidchen anziehen, die ich in den USA erstanden hab.«

Während ihrer langen Rede hatte ich den Bauch abgetastet und eine ideale Kopflage vorgefunden. Das Kind schien wirklich recht zierlich zu sein, was durchaus für die Theorie der Mutter sprechen könnte. Das Beckenmessen konnte ich mir in diesem Fall glatt ersparen, denn nachdem bereits drei kräftige Buben den Weg durch den Geburtskanal genommen hatten, würde dieses zierliche Baby es leicht schaffen.

Schon begann die Ausstoßphase. Die werdende Mutter arbeitete nach meinen Anweisungen fleißig mit, und bald vernahm sie den ersten zarten Schrei ihres vierten Kindes.

»Hurra, mein Mädchen ist da!«, rief sie erfreut aus. Ich aber wusste es zu dem Zeitpunkt schon besser. Bedächtig nabelte ich das Kind ab, um Zeit zu gewinnen. Fieberhaft dachte ich nach, wie ich es der auf ein Mädchen fixierten Mutter schonend beibringen konnte, dass ihre sehnlich erwartete Tochter wieder ein Bub war. Ein zierlicher zwar, aber eben kein zartes Mädchen. Ich öffnete die Tür zum Kinderzimmer und machte mir mit dem Kind auf dem Wickeltisch zu schaffen. »Jetzt reichen Sie mir doch endlich meine Tochter«, klang es ungeduldig vom Bett der Mutter herüber. »Neun lange Monate hab ich auf sie warten müssen, jetzt will ich sie endlich an mich drücken.«

»Nur Geduld, meine Liebe. Ich bin grad dabei, den Nabelverband anzulegen... Aber bis Sie eine Tochter im Arm halten können, werden Sie sich noch eine Weile gedulden müssen. Jetzt reiche ich Ihnen erst mal ihren vierten Sohn, frisch gebadet und kerngesund.«

Ungläubig starrte die Mutter mich an. »Jetzt machen Sie keine Witze, Nanni, und geben Sie mir meine Kleine schon her.«

Ich legte ihr den Buben in die ausgestreckten Hände. Nie werde ich ihr Gesicht vergessen, als sie den Blick auf die entscheidende Stelle richtete. »Das..., das ist... ja ein Bub«, stellte sie fest. Dabei hielt sie das Kind von sich gestreckt, als ob es ein ekliges Insekt wäre.

»Aber die Anzeichen – Nanni, wie ist so etwas möglich? Alle Anzeichen waren doch so ganz anders als sonst.«

»Auf so etwas kann man sich nie verlassen. Ich wollte nur vorher nichts sagen, um Sie nicht zu entmutigen.«

Auf einmal wich ihr enttäuschter Gesichtsausdruck einem hysterischen Lachen: »Was bin ich doch für ein verrücktes Huhn. Anstatt froh und glücklich zu sein, dass mein Kind gesund ist, lamentiere ich herum, dass es keine Tochter ist. Was soll mein Sohn von mir denken?« Mit Inbrunst presste sie ihn an sich. »Natürlich liebe ich dich. Wir haben es neun Monate miteinander ausgehalten, dann wollen wir das doch auch weiterhin tun.«

Als ich am nächsten Tag zur Wochenpflege kam, führte mich die Großmutter zunächst wieder in das Kinderzimmer, wo der kleine Tobias selig in seinem Körbchen schlummerte. Aber nicht in einem rosa ausgeschlagenen und nicht in rosa bezogenen Kissen. Auf meinen verdutzten Gesichtsausdruck hin erklärte mir Ilonas Mutter: »Gestern Abend noch musste ich das Babykörbchen anders ausstaffieren. Meine Tochter bestand darauf. Der arme Bub könne doch nicht in so viel Rosa liegen, da müsse ihm ja schlecht werden, meinte sie.«

Ich nahm den Kleinen heraus und legte ihn auf die Wickelkommode, um den Nabel zu kontrollieren. Da fiel mir auf, dass selbst der letzte Rest Rosa aus dem Kinderzimmer verschwunden war. Anschließend brachte ich das Baby zu seiner Mutter, um es zum ersten Mal anzulegen.

Das ist wichtig für den Saugreflex des Kindes, auch wenn zumeist noch keine Milch fließt, und hilft bei der Rückbildung der Gebärmutter.

Am Abend dann, bei meiner nächsten Visite, war Ilonas Brust so prall und fest wie ein zu stark aufgeblasener Fußball – unmöglich für das zarte Kind, daran zu saugen. Es half alles nichts: Trotz des Überangebots an Muttermilch musste ich eine Flasche mit Milchpulver für das vor Hunger schreiende Kind zubereiten – ein paar Proben davon hielt ich immer für alle Fälle parat. Morgen würden wir es dann mit einer Saugpumpe probieren. Eine andere Variante, die auf dem Land nicht selten praktiziert wurde, war, einen älteren, kräftigen Säugling anzulegen. Aber woher auf die Schnelle ein Kind ausleihen?

Am folgenden Morgen jedoch war alles in Ordnung. Die Brust war weich und geschmeidig, und der kleine Tobias lag satt und zufrieden neben seiner Mutter.

»Ja, was haben Sie denn gemacht? Das grenzt ja an ein Wunder.«

»Kein Wunder«, lächelte die Konditorsgattin verschmitzt, »mein Mann wusste Rat.«

»Ja, wie das?«, fragte ich verständnislos.

»Das, was zu viel war, hat er weggesaugt. Damit unser Kleiner sich nicht mehr so schwertun muss.«

»Na so was! Meine Anerkennung! Manchmal sind Männer doch zu etwas zu gebrauchen.«

Das plötzliche Verschwinden der traumhaften rosa Babyausstattung hatte ich bisher mit keiner Silbe erwähnt, da meine Wöchnerin selbst kein Wort darüber verlor. Am dritten Tag endlich fragte sie mich unvermittelt: »Ist Ihnen eigentlich aufgefallen, dass alles, was rosa war, aus dem Kinderzimmer verschwunden ist?«

»Ja, sofort. Ich hab mich gewundert, wie schnell das ging.«

»Ich hab meine Mutter gebeten, alles sofort wegzuräumen. Ich wollte nicht, dass mein kleiner Tobias in einer Umgebung liegt, die eigentlich für ein Mädchen gedacht war. Und ich – ich wollte auch nicht ständig an meinen geplatzten Traum erinnert werden.«

»Aha«, ließ ich mich nur vernehmen und fuhr fort, meine Sachen wieder in meiner Tasche zu verstauen.

»Haben Sie Kinder?«, wollte sie auf einmal wissen.

»Ja, vier«, antwortete ich, »einen Sohn und drei Töchter.«

Ein bewunderndes »Ahhh!« ertönte – und nach einer kleinen Pause: »Wie alt sind Ihre Mädchen?«

»Die Franziska ist elf und kümmert sich schon rührend um die Kleinen. Die Angelika ist dreieinhalb und die Julia anderthalb Jahre alt.«

»Wissen Sie was?«, sagte die Bubenmutter darauf mit lebhafter Stimme. »Nehmen Sie die Kleider mit für Ihre kleinen Mädchen.«

»Aber Frau Nußbaumer, so schnell sollten Sie die Flinte nicht ins Korn werfen …«

»Wollen wir uns nicht duzen, Nanni?«, unterbrach sie. »Ich möchte doch dazugehören. Ich heiße Ilona.«

»Ist schon recht. Mit dem Siezen tu ich mich ohnehin schwer. Bei uns duzt man halt fast jeden. Also Ilona, du solltest die rosa Sachen nicht zu früh verschenken. Du bist doch noch jung. Vielleicht ist das nächste Kind die ersehnte Tochter.«

»Nein, nein, Nanni, das tu ich mir nimmer an. Noch einmal eine solche Enttäuschung, das will ich nicht. Bei mir ist Schluss mit dem Kinderkriegen. Nimm die Kleider mit für deine süßen Kleinen und dazu noch für jedes der Mädchen eine Puppe.«

»Nein, Ilona, das kann ich nicht annehmen«, wehrte ich ab. »Das ist viel zu viel. Ein oder zwei Kleidchen vielleicht, aber nicht alle.«

»Doch, doch, Nanni, nimm sie nur. Du machst mir eine Freude damit. Was soll ich denn mit dem Rest? Die würden bei mir nur herumhängen und verstauben.«

»Ja, Ilona, ich weiß gar nicht, wie ich dir dafür danken soll.«

»Du brauchst mir nicht zu danken. Vielleicht seh ich dich mal mit deinen Töchtern in den niedlichen

Kleidchen durchs Dorf spazieren. Da hab ich dann meine Freude daran, und das ist mir Dank genug.«

War das ein Jubel, als ich mit dem ganzen Arm voll Kleidchen nach Hause kam! Sofort wurde Modenschau gemacht. Selbst meine Jüngste war mit ihren anderthalb Jahren schon Weibchen genug, um sich in den Gedichten aus Batist und Taft und Tüll stolz zu drehen wie ein Pfau. Die Franzi aber bedauerte zutiefst, dass all diese Herrlichkeiten für sie zu klein waren. Ihr einziger Trost: Auch sie bekam eine der schönen Puppen.

An einem Sonntagnachmittag begegneten wir bald darauf Ilona Nußbaumer, die ihr Bubenquartett spazieren führte.

»Ach, wie entzückend!«, rief sie aus, als sie meine Töchter erblickte. »Da bin ich aber froh, dass die Kleidchen in die richtigen Hände geraten sind.«

Danach dauerte es gut drei Jahre, bis mir Ilona wieder über den Weg lief – mit einem Kinderwagen, den sie mit sichtlichem Stolz vor sich herschob. Ich war erstaunt, denn bei mir hatte sie sich nicht gemeldet wegen eines weiteren Familienzuwachses. Erstaunt blieb ich stehen und schaute in den Wagen: Alles in Rosa, das kleine Kopfkissen, das Deckbett, das Jäckchen, das Mützchen. »Da staunst du, gell Nanni!?«, fragte die junge Mutter keck. »Jetzt bin ich doch noch zu einem Mädchen gekommen.«

»Meine besten Glückwünsche«, presste ich hervor, ein bisschen enttäuscht, weil ich mich übergangen fühlte. »Hast es also noch mal gewagt?«

»Nicht so, wie du denkst«, antwortete sie augenzwinkernd. »Nachdem der Tobias aus dem Gröbsten raus war, unterhielt ich mich mit meinem Mann darüber, dass es doch schön wär, wenn wir auch eine Tochter hätten. Darauf meinte er, warum nicht, an ihm solle es nicht liegen. Aber ich musste ihn enttäuschen. Ich wollte keine Eigenproduktion mehr, sondern dachte mehr an ein fertiges Kind. Wenig später meldeten wir unseren Kinderwunsch beim Jugendamt an. Monat um Monat verging, ohne dass eine Benachrichtigung eintraf. Manchmal dachte ich, in der Zeit hätt ich leicht ein eigenes Kind austragen können. Dann endlich, vor zwei Wochen, kam der Anruf. Ein acht Wochen altes Mädchen war zur Adoption freigegeben worden. Mit fliegenden Fahnen sind wir hin. Wir sahen es und waren sofort verliebt.«

»Und was sagen die vier Buben dazu?«, wollte ich wissen.

»Sie sind begeistert von ihrem Schwesterchen. Ein jeder von ihnen spielt den kleinen Kavalier und möchte es beschützen.«

»Dann passt es ja«, sagte ich herzlich. »Übrigens, was die rosa Kleidchen betrifft, möchtest du die nicht für eure Prinzessin zurückhaben? Sie sind noch wie neu. Meine Dirndln sind leider aus den meisten ganz schnell herausgewachsen.«

»O ja, gerne«, antwortete die Ilona. Und so gelangten die rosa Kleidchen wieder in das Haus des Konditormeisters zurück.

Das »Münchner Kindl«

Simone stammte, obwohl es ihr Vorname nicht vermuten ließ, von einem Bergbauernhof. Sie war neunzehn, als sie von ihrer Mutter in mein Entbindungszimmer im Altersheim gebracht wurde.

Ich hatte das Mädchen zuvor nie gesehen, auch war ihr Kommen nicht angemeldet, doch ich war zufällig gerade da, weil ich nach einer Wöchnerin schauen musste, die vor wenigen Tagen entbunden hatte. »Die Simone hat Wehen«, erklärte die Mutter lapidar, stellte das Köfferchen neben ihrer Tochter ab und verschwand. Obwohl erst Anfang November, lag der Schnee schon so hoch, dass nicht nur die Schnürschuhe der Schwangeren, sondern auch ihre schafwollenen, handgestrickten Strümpfe bis zu den Knien völlig durchnässt waren. Die zog ich ihr als Erstes herunter. Weil die Wehen noch im Abstand von fünfzehn Minuten kamen, blieb uns genügend Zeit für eine gründliche Untersuchung und eine ausgiebige hygienische Vorbereitung. Zwischendrin erfuhr ich, dass die Simone als einziges Mädchen zwischen vier Brüdern aufgewachsen war.

Die Geburt verlief trotz der Jugend der Mutter völlig problemlos und unspektakulär. Nachdem ich alles aufgeräumt hatte und über meinem Tagebuch saß, um die Daten einzutragen, stellte sich natürlich die obligatorische Frage nach dem Kindsvater. Oft drucksen ledige Mütter herum, wollen mit der Sprache nicht so recht heraus, und meist muss ich dann hinschreiben: Vater unbekannt. Danach ist es Sache des Jugendamts, sich näher mit dem Fall zu befassen.

Diese junge Frau hingegen zeigte nicht die Spur von Verlegenheit. Im Gegenteil: Sie bot mir gleich drei Väter zur Auswahl an, leider nur mit Vornamen.

»Aber Simone!«, fragte ich mit unverhohlenem Tadel in der Stimme, »wie gibt's denn so was? Gleich drei Väter?«

Erstaunlich unbefangen erzählte sie mir daraufhin ihre Geschichte: »Weil es daheim nichts Gescheites für mich zu tun gab, wollt ich weg – nur die Magd zu sein, die den Brüdern hinterherräumt, das passte mir nicht. Als ich diesen Wunsch meinen Eltern vortrug, meinte die Mutter, ich könnt vielleicht auf einen Hof im Nachbarort zu einer befreundeten Familie gehen. Das fand ich aber nicht verlockend, denn da hätt ich das Gleiche machen müssen wie daheim. Die Magd spielen gegen Kost und Logis, mit keinem Schilling Geld in der Tasche. Nein, mir schwebte was anderes vor: Weit weg wollt ich, ganz weit, möglichst in die Großstadt. Dort wollte ich was Richtiges lernen, etwas, womit man Geld verdient und wo man nach einem Acht-Stunden-Tag Feierabend hat und einen freien Tag in der Woche dazu. So was ist auf einem Bauernhof ja nicht drin. Deshalb klemmte ich mich hinter meinen Papa, denn der kann mir keinen Wunsch abschlagen. Er war immer wahnsinnig stolz auf seine einzige Tochter und hat mich von klein auf verwöhnt. ›Natürlich darfst in die Stadt, Dirndl. Wo willst denn hin und was möchtest lernen?‹

›Nach Wien oder München möcht ich, Papa. Am liebsten in ein großes Hotel.‹

›Da gehst am besten nach Wien, München ist doch Ausland‹, wandte er ein. ›Ach geh, Papa. So eng darfst das net sehen. In München reden sie auch Deutsch.‹

›Also meinetwegen‹, stimmte er zu. ›Aber denk dran, in der Großstadt lauern viele Gefahren. Am End kommst noch mit einem ledigen Kind daher.‹

›Geh, Papa, so was kann überall passieren. Hier im Dorf gibt's grad genug ledige Mütter, die nie in einer Stadt gewesen sind.‹

›Hast recht, Dirndl. Pass also gut auf dich auf! Wenn trotzdem was passiert, kannst jederzeit heimkommen. Brauchst nicht zu denken, dass du dann verzweifelt sein und eine Dummheit begehen musst. Auf dem Hof deines Vaters gibt's für dich immer einen Platz, und auch für ein Münchner Kindl.‹

So kam ich also mit fünfzehn in ein renommiertes Münchner Hotel, wo ich das Hotelfach von der Pike auf lernte. Nach bestandenem Examen stürzte ich mich im letzten Jahr zum ersten Mal in den Münchner Fasching. Gar toll war's. Umschwärmt wurde ich von allen Seiten, was ich natürlich sehr schmeichelhaft fand. Der eine oder andere lud mich ein, mit ihm nach der Veranstaltung nach Hause zu gehen. Aber ich dachte an die Worte meines Vaters und lehnte dankend ab.

Später erzählte ich meinen Kolleginnen davon. Da lachten die mich nur aus und meinten, ich sei eine rechte Gans vom Lande, weil ich mir jeden Spaß durch die Lappen gehen ließ. Sie hänselten mich, ob ich vielleicht bis an mein Lebensende Jungfrau bleiben wolle.

Denn wenn ich mich so zugeknöpft geben tät, würd ich nie einen Mann bekommen.

Heuer also dachte ich, zum Fasching werd ich's wagen. Der Dietmar, ein gut aussehendes Mannsbild, der sich recht gut aufs Tanzen und Schmeicheln verstand, lud mich ein in die Sektbar. Nach einigen Gläschen verlor ich meine Hemmungen und ließ mich von ihm mitnehmen. Wir fuhren zu Frank, einem Freund von ihm, auf eine Privatparty. Warum er nicht gleich dort hingegangen sei, wollt ich wissen. Weil er keine Freundin hätt und weil man auf die Party nur in Damenbegleitung kommen dürfe. Deshalb hatte er sich also erst nach einer Partnerin umschauen müssen. Das leuchtete mir ein, und es schmeichelte mir, dass er mich ausgewählt hatte.

Es war dann wirklich sehr lustig dort. Es gab viel zu essen und noch mehr zu trinken. Der Dietmar stellte mir einige Leute vor, außer Frank, dem Gastgeber, war darunter auch der Helmut, der sich besonders für mich zu interessieren schien. Laufend machte er mir Komplimente und meinte, der Dietmar sei ein Glückspilz und um mich zu beneiden. Bevor ich mich's versah, hatte er mich in ein halb dunkles Zimmer gedrängt, wo er, beschwipst wie ich war, leichtes Spiel hatte. Noch eh ich recht begriff, was mit mir geschah, machte sich auch der Frank über mich her, wobei er etwas vom Recht des Gastgebers murmelte. Als Dritter kam dann der Dietmar, der zu allem Überfluss betonte, jetzt sei er dran, weil er mich abgeschleppt hätt. Ich kann gar nicht sagen, wie erniedrigt und wie besudelt ich mir vorkam, als es mir endlich gelang, aus diesem Raum zu flüchten. Stundenlang irrte ich in der Stadt umher auf der Suche nach meinem Hotel, bis mich schließlich eine Polizeistreife aufgriff und mich dort absetzte.«

Nach einem abgrundtiefen Seufzer schwieg sie. »Das ist wahrhaftig keine schöne Geschichte«, äußerte ich nach einer Weile des Schweigens. »Und wie ging's weiter?«

»Nach einigen Wochen merkte ich, dass ich schwanger war. Deshalb versuchte ich, das Haus wiederzufinden. Doch als ich davorstand, verließ mich aller Mut, und ich fragte mich: Was will ich überhaupt hier? Die Typen würden doch sicherlich leugnen, dass sie etwas mit mir zu tun gehabt haben. Und selbst wenn sie's nicht täten, welche Chance hätt ich denn, den Kindsvater zu ermitteln? Ich kehrte also wieder in mein Hotel zurück und arbeitete bis zum Beginn meines Mutterschaftsurlaubs. Zum Glück ging's mir dir ganze Zeit so gut, dass ich damit keine Probleme hatte.

Verständlicherweise war meine Mutter nicht grad begeistert, als ich wieder mit Sack und Pack zu Hause erschien. ›Siehst, das hast jetzt davon, dass du unbedingt in die Stadt musstest‹, war ihr Begrüßungskommentar. Mein Vater aber nahm mich in Schutz: ›Wenn sie zu unseren Bekannten in den Nachbarort gegangen wär, hätt das ebenso gut passieren können. Denen ihr Ältester hat ihre Magd geschwängert, und ans Heiraten denkt der auch nicht.‹ In meiner Situation war diese Unterstützung zumindest ein kleiner Trost für mich.«

»Und wie soll's jetzt mit dir und deinem Dirndl weitergehen?«, fragte ich.

»Das weiß ich noch nicht genau. Vielleicht find ich ja eine Pflegemutter, bis ich es eines Tages zu mir nehmen kann. Für immer hergeben möcht ich's auf keinen Fall. Aber es zu behalten, ist im Augenblick nicht möglich. Ich muss ja Geld verdienen. Immerhin hab ich schon eine Stelle in Aussicht, hier im Ort, im Blauen Adler.«

Als ich am nächsten Tag bei meiner jungen Wöchnerin hereinschaute, hatte die Simone gute Nachrichten für mich.

»Meine Eltern waren heut Vormittag da. Der Papa ist ganz verrückt nach seiner Enkelin. Das Dirndl will er auf keinen Fall bei fremden Menschen aufwachsen lassen. Obwohl es ein Münchner Kindl wär, sagt er, sei's doch sein Fleisch und Blut.

Auch die Mama hat schließlich zugestimmt. Glaub mir, Nanni, in dem Moment ist mir ein Stein vom Herzen gefallen.«

Mir auch, das muss ich zugeben. Denn wenn rüstige Großeltern vorhanden sind, ist das meist die bessere Lösung, als wenn ein Kind gegen Kostgeld in eine fremde Familie gegeben wird.

Nach ihrem Mutterschaftsurlaub hat die Simone dann wirklich im Blauen Adler angefangen, wo man mit ihr äußerst zufrieden war. Auch die Gäste mochten sie, vor allem einer war darunter, der sie nicht nur wegen ihrer Professionalität und ihres freundlichen Wesens zu schätzen schien.

»Hätten Sie nicht Lust, zu mir nach Salzburg zu kommen?«, fragte er, kurz bevor sein Skiurlaub zu Ende ging. »Sie sind sehr fleißig und dabei immer freundlich. So jemanden wie Sie könnte ich in der gutgehenden Pension, die ich von meinen Eltern übernommen habe, gut brauchen.«

»Warum nicht?«, antwortete die Simone. »Wenn die Bezahlung stimmt, bin ich bereit, meinen Arbeitgeber zu wechseln.«

»Eigentlich dachte ich nicht daran, Sie gegen Bezahlung bei mir einzustellen«, war seine Antwort.

»Nicht gegen Bezahlung?«, fragte sie mit erstaunten Augen. »Meinen Sie, ich wär deppert?«

»Nein, das mein ich nicht. Im Gegenteil. Ich halte Sie für eine intelligente, tüchtige Person, die in der Lage wäre, meinen Betrieb zu managen. Deshalb möchte ich Sie als Ehefrau einstellen.«

Da verschlug es der sonst so schlagfertigen Simone für einige Sekunden die Sprache. Während dieser Zeit betrachtete sie ihn von oben bis unten. »Ja, so vom Äußeren her täten Sie mir schon gefallen«, gab sie zu. »Bevor ich aber Ja sag, müsst ich erst herausfinden, ob Sie auch innere Qualitäten besitzen.«

Über diese Offenheit musste er herzlich lachen. »So weit sind wir heutzutage schon, dass die Mädchen Ansprüche stellen. Früher war eine froh, wenn überhaupt einer daherkam«, scherzte er.

Die Prüfung der inneren Qualitäten muss jedenfalls zu ihrer vollsten Zufriedenheit ausgefallen sein, denn bald schon wurde die Hochzeit im besten Haus am Platze gefeiert. Und er muss auch akzeptiert haben, dass sie eine vierjährige Tochter mit in die Ehe bringen würde.

Der Brautvater ließ die Simone mit gemischten Gefühlen ziehen – einerseits war er stolz darauf, dass seine Tochter trotz Münchner Kindl eine so gute Partie gemacht hatte, andererseits war er traurig, weil seine süße Enkelin nun so weit von ihm weg sein würde.

Woher ich das alles weiß? Das hat mir die Simone auf ihrer Hochzeit selbst erzählt, denn selbstverständlich war ich auch eingeladen.

Die Simone ist wirklich eine tüchtige Pensionswirtin geworden. Das berichtete mir Jahre später voller Stolz ihre Mutter, als sie mir mal im Dorf begegnete.

Die Aussteiger

Nachdem die Pille auch in unserer ländlichen Gegend ihren Siegeszug angetreten hatte, gab es von Jahr zu Jahr weniger Entbindungen für mich. Hinzu kam, dass inzwischen immer mehr junge Frauen eine Klinikgeburt vorzogen. Viele Berghebammen hatten bereits aufgegeben und waren in Pflegeberufe gewechselt oder nahmen Stellen in Krankenhäusern an. Insofern konnte ich von Glück reden, als mir zusätzlich der angrenzende Sprengel übertragen wurde, was fürs Erste meine Existenzgrundlage sicherte.

Da ich dort gelegentlich ausgeholfen hatte, wenn meine Kollegin krank war oder sich auf einer Fortbildung befand, fühlte ich mich mit diesem »Revier« einigermaßen vertraut. Die Anna hatte ich gut gekannt, nicht nur, weil sie mir bei den Geburten meiner beiden jüngsten Töchter beistanden hatte, sie war auch für mich immer dann eingesprungen, wenn Not am Mann war. Obwohl weit über siebzig, war sie noch topfit und beruflich ganz auf der Höhe gewesen. Daher konnte ich es kaum fassen, dass man sie eines Morgens tot im Bett fand.

Zunächst glaubte ich, ich sollte ihren Sprengel nur vorübergehend übernehmen, bis ein Ersatz für sie gefunden worden sei. Doch bald erhielt ich ein amtliches Schreiben, bei dem starken Geburtenrückgang lohne es nicht mehr, eine neue Hebamme einzustellen, deshalb biete man mir zusätzlich die Betreuung dieses Sprengels an.

Auch gut, dachte ich. Inzwischen hatte ich ja ein Auto und konnte schnell überallhin gelangen. Außerdem würden vermutlich die dortigen Schwangeren bald ebenfalls mein Wochenzimmer einer Hausentbindung vorziehen. Das funktionierte in meinem Sprengel seit einiger Zeit ganz gut, also würde das mit den Müttern aus dem neuen Gebiet genauso klappen.

Im Jahr darauf starb Kollegin Hilde vom nächsten Sprengel kurz nach ihrem achtzigsten Geburtstag. Wieder erhielt ich ein amtliches Schreiben etwa folgenden Inhalts: Aufgrund des enormen Geburtenrückgangs auf dem Land lohne es nicht mehr, Sprengelhebammen einzusetzen. Deshalb könne ich mich ab sofort als frei praktizierende Hebamme betrachten und dürfe arbeiten, wo ich wolle.

Zunächst schluckte ich. Diese neue Konstellation hatte, wie so vieles, zwei Seiten. Positiv daran war, dass ich künftig alle Aufträge übernehmen durfte, die an mich herangetragen wurden. Sonst hatte ich sie immer mit dem Hinweis: »Dafür ist deine Sprengelhebamme zuständig«, ablehnen müssen. Das Negative aber überwog meiner Meinung nach. Als Sprengelhebamme war mir nämlich eine gewisse Geburtenzahl garantiert worden. Wurde diese einmal in einem Jahr nicht erreicht, gab es einen finanziellen Ausgleich. Nun war ich – wie eine frei praktizierende Hebamme in der Stadt – darauf angewiesen, um meine »Kundschaft« zu werben. Gleichzeitig musste ich immer weitere Wege in Kauf nehmen, sofern ich die Frauen nicht dazu bewegen konnte, zur Entbindung in mein Haus zu kommen. Aber wie so manches im Leben spielte sich auch das ein, und ich war bald mit meinem Los mehr als zufrieden.

Eines Tages, zu Beginn des Sommers, stand ein Mann in einem sonderbaren Aufzug vor meiner Tür. Barfüßig, mit wildem Bart und langem Haar, er war bekleidet mit einem formlosen, beigefarbenen Leinenkittel, der über seiner zu weit geschnittenen braunen Hose hing, die offenbar ebenfalls aus einer Naturfaser bestand. Eine solche Aufmachung war mir im ganzen Umkreis bislang nicht begegnet. Er stellte sich als Wiesheu Hermann vor. Aus meinem Sprengel stammte er zwar nicht, doch dem Namen nach konnte er durchaus hier irgendwo in der Gegend zu Hause sein, worauf ebenfalls die Tatsache hindeutete, dass er mich duzte.

»Bei Gelegenheit solltest mal bei uns hereinschauen«, bat er mit treuherzigem Blick.

»Ja, was meinst denn damit?«, fragte ich. »Kriegt jemand bei euch ein Kind oder nicht?«

»Natürlich kriegen wir ein Kind. Das steht einwandfrei fest, sonst wär ich gewiss nicht zu dir gekommen.«

»Dann ist's ja in Ordnung. Nur was soll dann bedeuten ›gelegentlich mal hereinschauen‹? Beim Kinderkriegen pressiert's in der Regel. Da hilft gelegentliches Hereinschauen nicht. In welchem Abstand kommen denn die Wehen?«

»Wehen?« Nun war es seine Stimme, die verwundert klang. »Nein, Wehen haben wir noch nicht.« Sonderbar, dass er immer in der Wir-Form sprach. »Wehen erwarten wir frühestens in drei Monaten.«

»Was willst dann jetzt schon bei mir?«

»Wir möchten dich gern kennenlernen, und du sollst auch wissen, wer wir sind, damit wir Vertrauen zueinander aufbauen können für die Zeit, wenn's so weit ist.«

Da sich das Ganze zu einem längeren Gespräch zu entwickeln schien, führte ich meinen bärtigen Besucher in die Stube.

»Und wie seid ihr ausgerechnet auf mich gekommen?«, erkundigte ich mich.

»Wir haben uns halt im Umkreis erkundigt. Klinik kommt für uns nicht infrage, und viele Hebammen gibt's ja nimmer. Von den wenigen aber, die's noch gibt, bist du uns am meisten empfohlen worden.«

»Das ist ja sehr schmeichelhaft für mich«, erwiderte ich, schob aber gleich nach: »Warum hast deine Frau nicht gleich mitgebracht? Ich nehm doch mal an, dass es sich bei der Person, die das Kind erwartet, um deine Frau handelt.«

»Ja, ja, selbstverständlich. Was für eine Frage!«

»Nun, so selbstverständlich ist das nicht. Es sind schon öfters ledige Väter zu mir gekommen, um mich zu einer Entbindung zu rufen.«

Er überging meinen Einwand und kam auf sein erstes Anliegen zurück. »Weißt, damit ist's nicht getan, dass du uns und wir dich kennen, du musst auch in unserem Haus gewesen sein, damit du schon mal seine Strahlung, seine Aura in dich aufnehmen kannst.«

So etwas Verrücktes hatte ich noch nie erlebt: ein Haus kennenlernen als Voraussetzung, dass ich dort irgendwann eine Entbindung vornehmen konnte! Für meine Begriffe war der Mann ein Spinner, doch hielt ich meine Zunge im Zaum.

Außerdem war es ihm gelungen, meine Neugier zu wecken, deshalb fragte ich: »Und wo, bittschön, steht das Haus?«

»Im Geißbachtal.«

»Im Geißbachtal?«, wiederholte ich mit einer gewissen Ablehnung in der Stimme. »Das sind ja über dreißig Kilometer von hier.«

Um dort hinzugelangen, musste man unser Tal verlassen und in ein anderes, parallel verlaufendes einbiegen, von dem dann dieses Seitental abzweigte. Einmal in meinem Leben war ich dort gewesen, auf einer ausgedehnten Radtour mit meinem Mann. Weil uns der Weg aber zu steil und zu steinig geworden war, hatten wir schon nach einigen hundert Metern aufgegeben und waren umgekehrt.

»Der Weg zu uns dürft für dich doch kein Problem sein. Wie ich gehört hab, besitzt du ein Auto.«

»Das schon«, gab ich zu. »Mit dem komm ich aber nur bis zum Abzweig.«

»Von da aus ist's nimmer weit. Vielleicht zwei oder drei Kilometer.«

»Wennst das so sagst, sind's bestimmt drei Kilometer und was für ein Weg! Für den brauch ich mindestens fünfundvierzig Minuten. Ja, gibt's denn da hinten überhaupt noch menschliche Behausungen?«

»Schon, aber nur zwei. Nach halbem Weg etwa kommt ein Bauernhof, und dann geht's immer gradaus bis zu uns.«

»Was du so gradaus nennst bei der starken Steigung und den vielen Kurven.«

»Trotzdem, das kannst gar net verfehlen. Es ist ein neu gebautes Holzhaus, direkt vorm Wald.«

»Ja, ja, da wo sich Hase und Fuchs Gute Nacht sagen«, ergänzte ich. »Nein, da geh ich nicht hin. Das ist mir viel zu weit. Jetzt kennst mich ja, und wenn ihr mich für die Entbindung haben wollt, dann bringst deine Frau halt her, sobald die Wehen eingesetzt haben. Hier hat sie den idealen Platz zum Entbinden. Komm, ich zeig's dir mal.«

Interessiert schaute er sich in meiner kleinen Wochenstation um, wehrte aber sogleich ab: »Nein, nein, das wollen wir nicht. Wir sind der Ansicht, unser Kind soll da geboren werden, wo es gezeugt worden ist, so wie's früher üblich war. Das hat eine wichtige Bedeutung für sein ganzes Leben. Abgesehen davon wär es für meine Frau viel zu beschwerlich, den ganzen Weg bis hierher zu Fuß zurückzulegen ...«

An dieser Stelle fiel ich ihm ins Wort: »Die zwei, drei Kilometer bis zum Abzweig wird sie selbst mit Wehen schaffen. Beim ersten Kind geht's eh nicht so schnell. Ein kleiner Fußmarsch hat sich sogar schon oft als nützliches wehenförderndes Mittel erwiesen. Vom Abzweig bringst sie dann mit dem Auto hierher.«

»Wir besitzen kein Auto. Diese Umweltverpester lehnen wir strikt ab.«

»Ja, wie bist dann überhaupt hergekommen?«

»Mit dem Bus. Den werd ich auch nachher für den Rückweg benutzen.«

»Vielleicht habt ihr Glück, und es geht grad ein Bus, wenn bei deiner Frau die Wehen anfangen. Und wenn nicht, könntest immer noch ein Taxi nehmen.«

»Ein Taxi können und wollen wir uns nicht leisten. Aber das spielt so oder so keine Rolle. Egal, wie das Beförderungsproblem zu lösen wär, wir möchten, dass unser Kind in unserem Haus das Licht der Welt erblickt. Das Umfeld seiner Geburt hat auf sein ganzes Leben entscheidenden Einfluss. Deshalb bitt ich dich schön, schau's dir rechtzeitig vorher an.«

Da ich noch immer skeptisch guckte, fügte er hinzu: »Wenn's wegen der Bezahlung ist, deswegen brauchst dir keine Sorgen zu machen. Wir sind selbstverständlich krankenversichert, wenn auch nur zwangsweise. Freiwillig hätten sie uns nicht in die Kasse bekommen.«

Jeder spinnt halt auf seine Weise, dachte ich. Doch das war kein Grund, eine werdende Mutter in ihrer schweren Stunde im Stich zu lassen, deshalb – und auch ein bisschen aus Neugier – versprach ich ihm: »Also gut, in den nächsten Tagen, wenn mich mein Weg in eure Nähe führt, werd ich mal reinschauen.«

Es ergab sich tatsächlich in den nächsten zwei Wochen, dass ich in der Nähe des Abzweigs zu einer Nachtentbindung musste. Anschließend stand ich vor der Wahl, heimzufahren und den versäumten Nachtschlaf nachzuholen oder einen Fußmarsch ins Geißbachtal zu unternehmen. Wenn du jetzt heimkommst, überlegte ich weiter, kommst du vorerst doch nicht zu deiner verdienten Ruhe. Dort würde nämlich Aufbruchstimmung herrschen, weil mein Mann und die Großen zur Arbeit und die Kleinen in die Schule mussten. Diesem allmorgendlichen Chaos war eigentlich ein Morgenspaziergang bei diesem herrlichen Wetter vorzuziehen.

Also stellte ich mein Auto am Abzweig ab und wanderte in den erwachenden Morgen hinein ins Geißbachtal. Der Tau glänzte auf dem Gras, die Vögel schmetterten ihre Morgenlieder, und die Sonne streckte ihre Strahlenfinger über die Berge herunter. So genoss ich von Herzen die Natur, wozu ich sonst eigentlich nie kam. Deshalb wohl empfand ich den Weg als gar nicht so beschwerlich, wie er mir in Erinnerung war. Allerdings hatte ich meine schwere Tasche im Auto gelassen, denn ich ging ja nur zu einem ersten Kennenlernen und nicht zu einer Entbindung.

Abgesehen davon, dass ich auf dem ziemlich steinigen, mit dicken Baumwurzeln durchsetzten Weg aufpassen musste, nicht ins Stolpern zu kommen, war es ein wirklich überaus reizvoller Pfad. Wie überrascht war ich, als auf die Steigung eine fast ebene Wiese folgte, an deren Ende ich das beschriebene Holzhaus erblickte. Eine traumhafte Lage! Wildromantisch wirkte die Szenerie, das helle Haus vor der Kulisse des dunkelgrünen Waldes, umgeben von einem großen Nutzgarten und davor die lindgrüne Wiese, die vom silbernen Band eines murmelnden Baches durchflossen wurde. Ich vermochte mir schon vorzustellen, dass man sich hier wohlfühlen konnte, im Sommer zumindest und vorausgesetzt, man liebte die Einsamkeit. Ein paar Schafe grasten friedlich in Hausnähe, zwei Ziegen lieferten sich mit ihren Hörnern einen kleinen Kampf, und ein bunter Gockelhahn führte stolz seine kleine Hühnerschar an. Etwas abseits vom Wohngebäude befand sich ein Bienenhaus, aus dem es nur so summte und brummte.

Da ich von meiner nächtlichen Entbindung und dem anstrengenden Aufstieg ziemlich erschöpft war, freute ich mich auf eine gute Tasse Kaffee, die meine ermatteten Lebensgeister wieder wecken würde.

Gewiss fiel für mich auch noch ein leckeres Butterbrot mit Marmelade ab, das mir die verbrauchte Energie zurückbringen werde. Die beiden würden sich schon nicht lumpen lassen, nachdem ich mich auf ihre spinnerte Idee eingelassen und eigens den Weg zu ihnen herauf gemacht hatte. Aber ich sollte bitter enttäuscht werden.

Schon bei meinem Eintritt in die Küche erschnupperte ich, dass ein mir wohlbekannter Duft fehlte. Obwohl die beiden gerade am Frühstückstisch saßen, durchwehte kein liebliches Kaffeearoma den Raum. Von Brot, Butter und Marmelade war ebenfalls nichts zu sehen. Einen dünnen Kräutertee erblickte ich in ihren Tassen, und jeder hatte ein Schälchen vor sich stehen mit einem Körnerbrei darin, in dem ich ein bisschen Schnittlauch und ein paar Radieserlstücke ausmachen konnte.

Auf meine Bitte um eine Tasse Kaffee erklärte mir die Schwangere, die wie ihr Mann barfuß war, ohne jegliches Bedauern, dass sie niemals Kaffee im Haus hätten. Zusätzlich erhielt ich von dem bärtigen Hippie einen kostenlosen Vortrag darüber, wie ungesund Kaffee sei und dass ich mir seinen Konsum so bald wie möglich abgewöhnen solle. Außerdem zählten sie mir abwechselnd noch eine Reihe anderer Lebensmittel auf, die tunlichst zu meiden wären, weil sie reines Gift für den Körper seien. Dazu gehörte auch Fleisch. Fleisch würde in ihrem Haus absolut keines verzehrt, versicherten sie mir.

Diese Aussage veranlasste mich zu der Frage: »Und wozu haltet ihr euch die Schafe, Ziegen und die Hühner?«

»Die Schafe brauchen wir in erster Linie zur Wollproduktion. Im Winter wärmt nichts besser als selbst gestrickte wollene Pullover. Wenn die Schafe geschlachtet werden, verwenden wir ihre Felle als Decken, Unterlagen und Fußbekleidung.«

»Und das Fleisch werft ihr einfach weg?«

»Nein, ganz so schlimm ist's nicht. Das verkaufen wir an Menschen, die es vorziehen, nicht so gesund zu leben wie wir.«

»Aha, und was ist mit den Hühnern?«

»Die halten wir zur Eierproduktion. Wenn sie mit Legen nachlassen, werden sie als Suppenhühner verkauft. Auf irgendeine Weise müssen wir ja an Bargeld kommen.«

»Und die Ziegen?«

»Das sind unsere Milchlieferanten.«

Dann erklärten sie mir, sie würden sich hauptsächlich von Getreide ernähren, von Obst und Gemüse, von selbst angebautem selbstverständlich und immer nur von dem, was die Jahreszeit gerade hergebe.

Unter diesen Umständen sah ich es als ausgesprochenen Glückfall an, dass ich gerade in die Zeit der Kirschenreife geplatzt war. Nachdem ich eine Tasse von dem scheußlich schmeckenden Kräutertee hinuntergewürgt hatte – ein bisschen Flüssigkeit braucht der Mensch schließlich –, stellte mir der aufmerksame Hermann einen Teller frisch gepflückter, knackiger Kirschen hin.

Gierig machte ich mich darüber her, während das junge Paar den undefinierbaren Brei in sich hineinschaufelte und wir uns über den Zweck meines Besuches unterhielten.

Es war ein sehr langes, ein sehr eingehendes Gespräch, das mir viele neue Einblicke vermittelte. Was mich jedoch nicht daran hinderte, meine Blicke schweifen zu lassen. Alles um mich her war aus Holz, der Boden, die Decke, die Wände. Die Möbel selbstverständlich ebenfalls. Sie schienen Marke Eigenbau zu sein, grobe Bretter grob zusammengehämmert. Eigenbau war offensichtlich auch der wadenlange Leinenkittel, den die werdende Mutter trug und der dem ihres Mannes in Farbe und Form sehr ähnelte. Mit Staunen erfuhr ich, dass die beiden einige Jahre in Salzburg als Heilpraktiker gearbeitet hatten. Die dort erworbenen Erkenntnisse und das dort erworbene Geld schienen sie nun in der Abgeschiedenheit des Geißbachtals für ein alternatives Leben umzusetzen. Weder an der Decke noch an den Wänden konnte ich Lampen entdecken, von Schaltern oder Steckdosen ganz zu schweigen. »Elektrizität lehnen wir ab. Sie sendet schädliche Strahlen aus, die den Menschen krank machen«, erklärte mir der Ehemann. Mit dieser Ansicht waren sie offenbar ihrer Zeit weit voraus, denn damals gab es meines Wissens das Wort Elektrosmog noch gar nicht. »Früher sind die Menschen auch ohne Elektrizität ausgekommen«, war die »einleuchtende« Erklärung der jungen Frau.

Schließlich begann der Rundgang durchs Haus. Genau genommen konnte von Rundgang kaum die Rede sein. Außer der Küche gab es nämlich lediglich zwei weitere Zimmer im Haus, von denen man das eine mit etwas gutem Willen als Wohnzimmer bezeichnen konnte. Grob gezimmerte Sitzgelegenheiten, davor ein ebensolcher niedriger Tisch gruppierten sich vor einem offenen Kamin, in dem natürlich jetzt im Hochsommer kein Feuer brannte. Auf den Sitzmöbeln lagen statt Polstern Schaffelle ausgebreitet. Anschließend kamen wir zur Schlafkammer, wie das Pärchen diesen Raum nannte, obwohl man hier keinerlei Ähnlichkeit mit jenen bäuerlich-gemütlichen Zimmern erkennen konnte, die sonst hierzulande diesen Namen trugen. Ein großer, quadratischer Kasten, aus ungehobelten Balken zusammengefügt, dominierte den Raum. Es gab weder Leintücher noch Kissen, lediglich einige Schaffelle, die den ganzen Schlafkomfort bildeten. Da waren keine dicken Federbetten, keine Nachtkastl und kein Kleiderschrank, wozu auch? Nach dem Abnutzungsgrad ihrer Gewänder zu schließen, war das, was sie am Leib trugen, ihre gesamte Garderobe. Unnötig zu erwähnen, dass hier Frisierkommode oder Spiegel fehl am Platz gewesen wären – wer weiß, vielleicht gingen von Spiegeln überdies schädliche Energien aus. Ich unterließ es, danach zu fragen. Auch ein Kinderbett oder eine Wiege suchte ich vergeblich. »Wo wollt ihr denn euer Kind hinlegen?«, fragte ich.

»Wieso?«

»Ich seh kein Bettchen, keinen Korb, nichts.«

»In unsrem Bett ist Platz genug für uns alle.«

»Aha.«

Das ganze Gespräch hatte sich auf der Türschwelle abgespielt. Richtig betreten durfte ich das Zimmer nicht. Niemand dürfe das, wurde ich belehrt, denn jeder Fremdling würde es entweihen und die positiven Schwingungen darin stören.

Das konnte mit der Entbindung ja heiter werden, wenn ich den Raum nicht einmal betreten durfte. Sollte ich meine Anweisungen von der Tür herüberschreien? Zu weiterführenden Überlegungen und Fragen kam ich allerdings nicht, denn schon erzählten mir die beiden, sie hätten das ganze Haus selbst gebaut, und zwar aus Holz, das man vorher auf seine positive Strahlung hin überprüft habe. Nicht ein einziger Nagel sei verwendet worden – Metall würde die positiven Wellen beeinträchtigen –, alles sei mit Holzdübeln aneinandergefügt worden.

Nach all diesen für mich sehr befremdlichen Ausführungen interessierte mich nun doch, wie dieses merkwürdige Paar, das in der Stadt gelebt hatte, an dieses abgelegene Fleckchen Erde gekommen war.

Freimütig erzählte der Hermann: »Ich stamme von dem Bauernhof, der auf halbem Weg vom Abzweig liegt. Wir waren zwei Brüder und zwei Schwestern daheim. Die Dirndln waren die Ältesten und haben bald hinausgeheiratet. Da es feststand, dass mein Bruder, der um zwei Jahre älter war als ich, den Hof übernehmen würde, ging ich mit fünfzehn Jahren nach Salzburg, um mir dort eine Existenz aufzubauen. Zunächst machte ich eine Lehre bei einem Bäcker mit anschließender Gesellenprüfung. Weil mir aber das nächtliche Aufstehen auf Dauer nicht taugte, wollte ich irgendwas anderes. Da stolperte ich in der Zeitung über ein Inserat, das für eine Ausbildung zum Heilpraktiker warb.

Das wär genau das Richtige für mich, dachte ich und meldete mich umgehend bei der Schule. Ich wurd angenommen und war fasziniert von dem, was ich da alles lernte. Die Karina«, dabei fasste er seine Frau liebevoll bei der Hand, »war in demselben Kurs. Es war

Liebe auf den zweiten Blick. Als wir unser Examen in der Tasche hatten, fand jeder von uns eine Anstellung bei einem renommierten Heilpraktiker. Nach einigen Jahren bildeten wir uns ein, genügend Erfahrung gesammelt und genügend Geld gespart zu haben, um gemeinsam eine eigene Praxis zu eröffnen. Die lief dann auch gut. Fürs Privatleben und fürs Kinderkriegen blieb allerdings keine Zeit.

Dennoch hätten wir wahrscheinlich bis zum Pensionsalter weitergemacht, wenn es nicht einschneidende Veränderungen gegeben hätt. Vor zwei Jahren nämlich starben meine Eltern kurz nacheinander. Bis dahin hatte der Vater meinem Bruder noch immer in der Landwirtschaft geholfen, und die Mutter machte ihm den Haushalt, weil er keine Anstalten mit Heiraten machte. Nach dem Tod der Eltern merkte er sehr bald, dass er allein nicht zurechtkommen würde. Deshalb begab er sich auf Brautschau, per Motorrad. Eines Nachts geriet er auf regennasser Straße ins Schleudern und prallte gegen einen Baum. Er war auf der Stelle tot. Nach der Beerdigung dachten meine Schwestern und ich nicht anders, als dass wir drei die gesetzlichen Erben wären. Deshalb überlegten wir, den Hof zu verkaufen und das Geld aufzuteilen. Dann kam plötzlich vom Nachlassgericht der Bescheid, ich sei der alleinige Erbe. Um den Fortbestand des Hofes zu sichern, hatte mein Vater bei der Übergabe festgelegt, dass ich das Anwesen übernehmen sollt, falls der Bruder kinderlos starb.

Jetzt stand ich da mit einem Hof, hatte aber nicht die geringste Lust, ihn zu bewirtschaften. Durch Zufall traf ich einen Schulkameraden, ebenfalls ein zweitgeborener Sohn, der im Gegensatz zu mir gern Landwirt geworden wär. Wir wurden schnell handelseinig. Er pachtete den Hof mit sämtlichen Feldern, und ich hab mir die Nutzung dieses Grundstücks ausbedungen. Du musst wissen, dass die Karina hellauf begeistert war, als sie dieses Stückchen Land zum ersten Mal sah. ›Hier müsst es sich wunderbar leben lassen‹, hat sie damals entzückt ausgerufen. Da uns das Stadtleben schon lang nimmer so recht behagte, entschlossen wir uns, unsere Praxis zu verkaufen und hier ein alternatives Leben zu beginnen. Aus dem Erlös kauften wir das Material, und mit einem befreundeten Zimmerer bauten wir gemeinsam das Haus.«

»Und wovon lebt ihr?«, wagte ich eine bescheidene Zwischenfrage, als er mal Luft holte. »Wir bekommen doch Pacht«, antwortete die Karina stolz.

»Das kann net viel sein. Mit den Preisen, die hier gezahlt werden, kenn ich mich aus.«

»Für uns reicht's. Wir stellen keine großen Ansprüche«, begann Hermann wieder mit seiner Überzeugungsarbeit. »Du glaubst gar nicht, mit wie wenig man auskommen kann, wenn man nicht jeder Verlockung erliegt, die einem die große Welt bietet. Schau uns an: Wir laufen barfuß, das erspart uns Schuhe und Strümpfe und ist außerdem für die Füß gesünder. Wir tragen einfache Leinenkittel, die halten jahrelang. Und da sie weder gefärbt noch mit irgendwas imprägniert sind, vergiften wir uns damit nicht. Wir brauchen keinen Friseur, wir verzichten auf Auto und Telefon, und Fernseher und Radio kommen uns eh nicht ins Haus, schon allein aus dem Grund, weil wir keinen elektrischen Strom haben. Auf diese Weise sparen wir eine

mir genaue Anweisungen. Er erteilte die Befehle zum Hecheln und Pressen und schrieb mir vor, wo ich hinzulangen, wann ich abzuhorchen und wann und wie ich den Dammschutz zu machen hatte.

Es vergingen nach meiner Ankunft in diesem Haus vier Stunden, da war das Kerlchen da. Der Bub schrie gleich los, wie es sein soll, aber ich dachte bei mir, vielleicht schreit er so besonders laut wegen der Kälte.

»Jetzt mach ich das Fenster aber zu«, sagte ich energisch. »Das Kind holt sich ja sonst den Tod.«

Gnädig ließ der junge Vater es geschehen. Doch was war mit Abnabeln? Ich durfte es vorerst nicht, und er selbst tat ebenfalls nichts dergleichen. Nackt, wie es auf die Welt gekommen war, noch an der Nabelschnur hängend, legte er das Baby seiner Frau auf den Bauch. »Deck ihm wenigstens ein Frotteetuch drüber, sonst habt ihr die längste Zeit ein Kind gehabt«, warnte ich. Hermann gehorchte, ja, er legte sogar noch zwei Schaffelle darüber.

Nach zwei Stunden endlich, nachdem Mutter und Kind lange genug Hautkontakt gehabt hatten, erlaubten die jungen Eltern großmütig, dass ich das Kind abnabelte, genauer gesagt, der Hermann durchtrennte das Band zwischen Mutter und Kind eigenhändig mit meiner Nabelschere. Das Anlegen des Nabelverbands allerdings überließ er mir.

Ein Kapitel für sich stellte die Nachgeburt dar. Was ich jetzt zu hören bekam, hätte ich mir in meinen kühnsten Träumen nicht vorstellen können. Während das Kind noch auf dem Bauch seiner Mutter lag, war die Plazenta problemlos abgegangen. Ich hatte sie aufgefangen, untersucht und alles für gut befunden.

Bei Hausgeburten war es üblich, dass jemand aus der Familie sie im Garten vergrub, zumindest im Sommer, und im Winter wickelte man sie in Zeitungspapier und verbrannte sie im Küchenherd oder im Kachelofen. In diesem Haus gab es zwar sowohl einen Küchenherd als auch einen offenen Kamin, aber in beiden brannte kein Feuer, da es den beiden jungen Leuten ja bekanntlich warm genug war.

»Wohin mit der Nachgeburt?«, fragte ich daher mehr mich als das junge Elternpaar, nachdem die vorgeschriebene Beobachtungszeit herum war. »Feuer gibt's keins, und eingraben kann man sie nicht, weil der Boden gefroren ist. Das Einfachste wird sein, ich wickele sie in Zeitungspapier, nehme sie mit und schiebe sie daheim in den Ofen.«

Sofort kam massiver Protest auf: »Das geht auf keinen Fall! Sie darf nicht von unserem Grundstück entfernt werden. Sie ist ein Teil unseres Kindes und ein Teil von uns. Das wäre wie ein Riss durch unsere Familie«, sagte der Hermann bedeutungsschwer. Den praktischen Aspekt ergänzte seine Angetraute: »Abgesehen davon, wir haben gar keine Zeitung im Haus. Wir lassen uns unsere Welt doch nicht vergiften durch die schrecklichen Nachrichten, die uns sonst täglich ins Haus flattern würden. Zudem ist Druckerschwärze ungesund.«

Die hatten sich ja wirklich eingehend mit allem beschäftigt!

»Habt ihr dann vielleicht einen Vorschlag, was damit geschehen soll? Bis der Boden wieder auftaut, könnt ihr sie nicht stehen lassen. Spätestens übermorgen fängt sie an zu stinken.«

»Dann heiz halt den Küchenherd ein«, lautete schließlich Karinas Vorschlag. »Es wird eh Zeit, einen Tee zu kochen.« Diesen wartete ich aber nicht mehr ab. Nix wie heim, wo ich mir eine gute Tasse Kaffee genehmigen konnte. Eine Entbindung ohne Kaffee – so etwas war mir in meinem Leben nur selten passiert.

Bei meinem Besuch am folgenden Tag, man höre und staune, durfte ich die Wöchnerin tatsächlich in ihrem Schlafzimmer besuchen. Was war mit ihrer Furcht, ich könnte den Raum entweihen und seine positiven Schwingungen beeinträchtigen? Nun, es war ganz einfach. Verschämt gestand die junge Mutter ein, dass sie keine Lust habe, aus ihrem warmen Bett zu steigen, um sich von mir in der kalten Küche untersuchen zu lassen.

Da es ein trüber Tag und schon ziemlich spät am Nachmittag war, bis ich den Weg hierherauf geschafft hatte, herrschte in der Kammer eine sehr dämmriges Licht. Um besser arbeiten zu können, bat ich um irgendeine Beleuchtungsmöglichkeit – und erhielt eine einsame, schiefe Bienenwachskerze. Er habe sie aus dem Wachs vom vorigen Jahr eigenhändig hergestellt, versicherte der Hermann voller Stolz. Mir half sie wenig, und ich musste mehr ertasten, als dass ich etwas sehen konnte. Aus diesem Grund nahm ich mir vor, in den nächsten Tagen zeitiger zur Wochenpflege zu kommen. Was wäre eigentlich gewesen, wenn die Geburt nachts stattgefunden hätte, fiel mir in diesem Zusammenhang ein.

Ein Problem gab's noch mit dem Stillen. Zwar hatte sich das gleich am zweiten Tag eingependelt, doch musste ich bald feststellen, dass der kleine Torben nicht im gewünschten Maß zunahm. Das wunderte mich nicht: Wie sollte eine frierende, unzulänglich ernährte Mutter ausreichend Milch produzieren? Nach meiner Meinung blieb uns also nichts anderes übrig als beizufüttern. Für solche Fälle hatte ich immer einige Probepackungen Milchpulver von verschiedenen Herstellern dabei. Aber egal, welches Produkt ich den jungen Eltern anbot, sie lehnten strikt ab.

»Das Kind braucht doch was«, erklärte ich streng.

»Das wird schon«, entgegnete lapidar der Vater. Als der Kleine am nächsten Tag nach dem Stillen immer noch schrie, wurde ich ernstlich böse: »Was seid ihr nur für Rabeneltern! Wollt ihr das Kind etwa verhungern lassen? Nicht mit mir. Wenn ihr ihm nicht sofort etwas beifüttert, werd ich das dem Jugendamt melden.«

Das wirkte. Der belesene Hermann holte sein alternatives Buch hervor, blätterte darin, bis er das richtige Rezept fand und kochte seinem Junior einen dünnflüssigen Brei aus Ziegenmilch, Wasser und Weizen, den er selbst sehr fein gemahlen hatte. Ich hielt den Atem an, als ich sah, wie er diese Mischung löffelweise in den Säugling hineinschob. Der aber mampfte gierig und gedieh prächtig dabei.

So ging die Zeit der Wochenpflege vorüber. Trotz unserer völlig gegensätzlichen Ansichten führten wir viele Gespräche.

Wie überrascht war ich aber, als meine unbeugsamen Weltverbesserer mir bei meinem letzten Besuch eine höchst erstaunliche Eröffnung machten. Sie hätten inzwischen eingesehen, dass dieses einfache Leben zu zweit ja ganz schön, aber für ein Kleinkind auf Dauer vielleicht doch nicht das Richtige sei. Vor allem nicht in diesem rauen Klima. Deshalb hätten sie beschlossen, nach Neuseeland auszuwandern und dort Schafzucht in großem Stil zu betreiben.

»Warum nicht?«, sagte ich, »verrückt genug dazu seid ihr.«

»Das ist aber noch nicht alles«, eröffnete mir die Karina. »Wir werden dich mitnehmen.«

»Mich? Einfach so? Gefragt werde ich wohl nicht?«

»Ja, wir setzen voraus, dass du damit nicht nur einverstanden, sondern sogar begeistert bist.«

»Und warum sollte ich das?«

»Weil wir davon überzeugt sind, dass deine Ehe nicht glücklich ist. Du musst da raus, du musst in eine ganz neue Umgebung. Jetzt bist du noch jung genug, einen neuen Anfang zu wagen. Wir wissen auch schon einen anderen Mann für dich. Denn das steht fest, einen Mann brauchst du.«

»Ja, seid ihr jetzt total übergeschnappt? So schlecht kann meine Ehe gar nicht sein, dass ich deswegen meine Kinder und das Haus, das wir uns mit viel Mühe gebaut haben, im Stich lassen würd. Außerdem möcht ich meinen Beruf nicht aufgeben, an dem häng ich sehr.«

»Kinder werden auch in Neuseeland geboren«, unternahmen sie einen neuen Versuch, mich zu überzeugen. »Da könntest voll einsteigen. Und ein neues Haus hättest dir da schnell erarbeitet. Land kriegst dort fast geschenkt, und das Bauen ist auch viel billiger als hier.«

»Hier weiß ich, was ich hab, dort nicht. Außerdem würd ich sterben vor Heimweh. Und jetzt hört auf mit dem Schmarrn und vor allem damit, mich missionieren zu wollen.« Ich schlug einen energischen Ton an, denn langsam hatte ich die Nase voll von diesen beiden, wenn auch liebenswerten, Verrückten.

Lange Zeit hörte ich nichts mehr von ihnen. Im Juni des folgenden Jahres stand der Hermann plötzlich wieder auf meiner Matte.

»Nanu?«, fragte ich überrascht, »ich war der Meinung, ihr seid schon längst über alle Weltmeere.«

»Das wollten wir eigentlich auch. Bis aber alles geregelt und geordnet war, das zog sich hin. Nun ist alles in Container gepackt, die nächste Woche verladen werden, und drei Wochen später könnten wir starten, wenn nicht …«

»Wenn nicht was?«

»Ja, wenn die Karina nicht schon wieder schwanger wär.«

»Aha, die langen Winternächte«, sagte ich süffisant.

Er aber blieb völlig ernst. »Falls wir jetzt gleich losfahren könnten, wär's kein Problem. Aber im nächsten Monat ist die Schwangerschaft schon so weit, dass sie keine Überfahrtserlaubnis mehr bekommt.«

»Und warum erzählst mir das alles?«

»Na ja, ich hab gedacht …, wir haben gedacht … Also, wenn du uns ein Schreiben geben könntest, in dem du den voraussichtlichen Geburtstermin ein wenig nach hinten verlegst.«

»Nein«, lehnte ich entrüstet ab. »So was könnt ihr von mir nicht verlangen. Dann bleibt eben da, bis das Kind geboren ist und wandert später aus.«

»Das wär viel zu kompliziert. Jetzt läuft alles grad so schön, nachdem wir vorher nur Hürden zu überwinden hatten. Wenn wir bis nach der Geburt warten, können wir wieder von vorn anfangen.«

Das leuchtete mir ein, und irgendwie tat er mir leid, aber so eine Bescheinigung durfte ich ihm nicht geben. Der Hermann seinerseits ließ nicht locker. »Weißt was, Nanni, gib mir einfach einen Blanko-Schein mit Stempel und Unterschrift, den Rest mach ich dann selbst.«

Ich ließ mich breitschlagen, und pünktlich stachen sie in See, die Karina bereits im siebten Monat schwanger. Ich stand Todesängste aus, bis ich endlich die erlösende Nachricht aus Neuseeland erhielt: »Sind gut angekommen.«

Knapp zwei Monate später erhielt ich wieder einen Brief: »Hocherfreut zeigen wir die Geburt unserer Tochter Jenny an.«

Aus Neuseeland direkt hörte ich später nichts mehr, erfuhr jedoch das eine oder andere über eine von Hermanns Schwestern, die ich mittlerweile kennengelernt hatte. Nachdem meine »Neuseeländer« eine Schaffarm erworben, diese beträchtlich vergrößert hatten und dadurch zu einem gewissen Wohlstand gekommen waren, begann es in der Ehe zu kriseln. Eines Tages packte der Hermann seine Koffer und kehrte mitsamt seinen Kindern, mittlerweile vierzehn und fünfzehn Jahre alt, in die Heimat zurück. Die Karina dagegen ist in Neuseeland geblieben. Mit einem Maori versuchte sie ein neues Glück zu finden. Sie liebte schließlich schon immer das Ursprüngliche. Der Hermann indes entschloss sich zur endgültigen Absage an diese Lebensphase und übernahm den väterlichen Hof, den er künftig vorbildlich und ganz traditionell bewirtschaftete.

Was das Baby angeht, bei dessen Eintritt in die Welt ich mehr Zaungast als Geburtshelferin gewesen war, so ist aus ihm ein stattlicher junger Mann mit einer echten Liebe zur Landwirtschaft geworden. Wenn der den Hof eines Tages übernimmt, braucht man sich um dessen Fortbestand keine Sorge zu machen. Und sein Großvater wird sich im Himmel stolz auf die Schultern klopfen und sagen: Siehst, das mit dem Übergabevertrag hast seinerzeit richtig gemacht.

Friede auf Erden

Am Morgen eines Heiligabends war ich extra früh aufgestanden, damit ich ungestört einige Weihnachtsvorbereitungen treffen konnte. Mein Mann und die vier Kinder schliefen noch, als es kurz vor sieben an meiner Tür läutete. Ein sehr junger Mann, völlig außer Atem, stand davor. Ich kannte ihn aus dem Dorf. Es schien, als habe er den ganzen Weg zu mir rennend zurückgelegt. »Nanni«, schnaufte er, »du musst sofort mitkommen. Ich glaub, meine Freundin stirbt.«

»Nun mal ganz langsam, Poldi. Was ist denn passiert?«

»Sie erwartet ein Kind, krümmt sich vor Schmerzen, und eben ist ganz viel Wasser abgegangen, obwohl es noch vierzehn Tage bis zum Termin wären. Deshalb bin ich sofort losgerannt.«

»Jetzt beruhig dich erst mal. Da ist nur die Fruchtblase geplatzt, das ist weiter nicht schlimm, und dass es vierzehn Tage zu früh passiert, ist auch kein Unglück. Aber ich komm sofort mit dir.«

Zum Glück war es von mir nicht weit zu dem Haus, in dem das junge Paar Unterschlupf gefunden hatte. Um mir unterwegs etwas über die näheren Umstände erzählen zu können, dazu war der werdende Vater vorerst zu sehr außer Atem.

Es war nicht sein Elternhaus, in das er mich führte, sondern das Haus seiner Tante, einer Schwester seines

Vaters. Diese empfing mich an der Haustür und führte mich in den ersten Stock. »Die Michaela liegt in der Kammer von unserer Ursula«, berichtete sie mir. »Die hat voriges Jahr geheiratet, seitdem steht der Raum leer. Da hab ich mir gedacht, nimmst halt das arme Hascherl auf.«

Zu ausführlicheren Erklärungen kam die Tante nicht, denn schon hatten wir das Geburtszimmer erreicht. In Tränen aufgelöst und laut stöhnend fand ich die Schwangere vor, ein Mädchen von gerade mal achtzehn Jahren. Der Poldi kniete sich sogleich zu ihr ans Bett und flüsterte ihr zu: »Brauchst keine Angst zu haben. Jetzt ist die Nanni da, jetzt kann nichts mehr schiefgehen.«

Es freute mich, dass er solches Vertrauen zu mir hatte. Nun konnte ich nur hoffen, dass ich es auch rechtfertigen würde, und machte mich sogleich an die notwendigen Untersuchungen. Das Kind lag allem Anschein nach normal, was schon mal eine große Beruhigung war. Auch die Beckenmaße ließen nichts zu wünschen übrig. »Mach dir keine Sorgen, Michaela. Es wird alles gut werden. Dass das Fruchtwasser zu früh abgegangen ist, macht nichts. Besser zu früh als zu spät. Und dass du Schmerzen hast, ist ganz normal. Die hat jede Mutter. Hernach, wenn dein Kind da ist, wirst alles vergessen.«

»Nicht alles. Meine Eltern …« Der Schmerz der nächsten Wehe ließ sie verstummen. »Michaela, es dauert noch ein ganzes Weilchen, bis der Muttermund für die Geburt weit genug geöffnet ist«, redete ich ihr gut zu. »Das müssen wir einfach abwarten. Da kann ich gar nichts dazutun. Deshalb möcht ich noch mal kurz nach Hause und meiner Familie Anweisungen geben, was sie für den Heiligen Abend vorbereiten sollen.«

Die werdende Mutter klammerte sich an meine Hand: »Nein, Nanni, nicht weggehen. Lass mich jetzt nicht allein.«

»Du bist ja net allein. Schau, der Poldi ist da. Der setzt sich jetzt zu dir und hält deine Hand. Außerdem ist seine Tante da, die dir beisteht, solang ich weg bin. In spätestens einer halben Stunde komm ich zurück.«

Endlich gab sie meine Hand frei, und ich eilte nach Hause. Dort brach gerade das Chaos aus. Alle liefen ratlos durcheinander, wovon mein Mann der Kopfloseste war. So etwas war ihnen noch nie vorgekommen, dass sie am Heiligabend aufwachten und die Mutter war nicht zu finden! Ich verteilte sämtliche anliegenden Aufgaben gleichmäßig unter alle Familienmitglieder und rief zur Sicherheit meine Tante an. Die versprach, sofort zu kommen und nicht wie vereinbart erst am Nachmittag. Geschafft, dachte ich und machte mich beruhigt auf den Rückweg zu meiner ängstlichen Schwangeren.

Die Michaela war erleichtert, als ich wieder da war, und begann, zwischen den einzelnen Wehen bruchstückhaft aus ihrem Leben zu erzählen. Vom Sehen kannte ich auch sie. Sie war die älteste von drei Töchtern eines unserer Lehrer am Ort und sehr behütet und sittenstreng aufgewachsen. Weil man sich für etwas Besseres hielt und für die Töchter mehr anstrebte als nur den Besuch der Dorfschule, hatten die Eltern sie in die Stadt aufs Gymnasium geschickt – dort war sie in der vorletzten Klasse. Den Poldi hatte sie vor anderthalb Jahren auf dem Kirchweihfest kennengelernt. Er war einundzwanzig, der älteste Sohn eines angesehenen Bergbauern mit einem mittelgroßen landwirtschaftlichen Betrieb, von dem er mit seiner Frau und den fünf Kindern ganz gut lebte, wenngleich natürlich alle kräftig anpacken mussten. Die Liebe hatte bei den beiden jungen Leuten wie der Blitz eingeschlagen, doch als sie den Eltern davon erzählten, stießen sie in beiden Familien auf massiven Widerstand.

»Das kommt überhaupt nicht infrage, dass du eine Lehrerstochter heimbringst, noch dazu eine, die aufs Gymnasium geht. Die versteht von der Landwirtschaft rein gar nichts, ist sich bestimmt zu fein dazu und bringt außerdem kein Stück Land mit. Was du als Hoferbe brauchst, ist eine Bauerntochter aus einem anständigen Betrieb, die von klein auf das Zupacken gelernt hat und ein anständiges Stück Land als Heiratsgut einbringt«, musste sich der potentielle Hoferbe anhören. Zusätzlich wurde ihm die Drohung mit auf den Weg gegeben: »Falls du von dieser Studierten nicht lassen willst, wirst enterbt.«

Bei der Michaela hieß es: »Was? Einen Bauern? Das kannst dir gleich aus dem Kopf schlagen. Als ob es für dich nicht was Besseres gäb! Wir lassen dich doch nicht das Gymnasium besuchen, damit du studieren kannst, dass du hernach als Bauernmagd arbeiten musst.«

»Doch nicht als Magd«, protestierte das Mädchen. »Bäuerin werd ich, wenn ich den Poldi heirate.«

»Auf dem Papier vielleicht. Die Wirklichkeit sieht anders aus. Ein Mädchen, das einheiratet, wird immer wie eine Magd behandelt. Dafür gibt's Beispiele genug. Das Sagen auf dem Hof behalten die Mutter des Bauern und seine Schwestern. Und beim Poldi ist es noch schlimmer: Da lebt außerdem eine übriggebliebene Schwester des Vaters im Haus, die ist nicht ohne und rüstig genug, um dir viele Jahre das Leben schwer zu machen. Nein, nein, da kannst reden, was du magst, zu einer solchen Verbindung geben wir niemals unsere Einwilligung.«

Den Eltern zu widersprechen, hatten die beiden jungen Leute nicht gewagt, sich aber weiterhin heimlich getroffen.

Als die Michaela merkte, dass sie in anderen Umständen war, versuchte sie das zu verbergen, solange es ging. Sie wollte warten, bis sie achtzehn war und damit nach dem neuen, soeben in Kraft getretenen Gesetz volljährig. Als jedoch dieser bedeutsame Geburtstag nahte, verließ sie aller Mut, und sie schwieg weiterhin, wobei ihr zugutekam, dass Winter war und sie ihren Bauch unter dicken, weiten Pullovern verbergen konnte. Sie besuchte sogar weiterhin die Schule, ohne dass Mitschüler oder Lehrer etwas merkten. Nur ihrer Sportlehrerin, einer sehr vernünftigen Frau, hatte sie sich anvertraut und war daraufhin vom Sportunterricht befreit worden.

Kurz bevor die Weihnachtsferien begannen, hatte die Michaela jedoch das Gefühl, ihren Zustand nicht mehr länger verbergen zu können. Sie hinterließ zu Hause einen Brief, in dem sie schrieb, man solle nicht nach ihr suchen, sie halte sich bei einer Freundin auf, um ihre Gefühle für den Poldi zu überdenken. Der Poldi, dem man es daheim zunehmend schwerer gemacht hatte, seine Michaela zu treffen, war bereits vorher von zu Hause verschwunden. Auch er hinterließ eine kurze Nachricht, die Eltern sollten nicht nach ihm suchen. Bei seiner Patentante, die ihm schon immer sehr zugetan war, fand das junge Paar schließlich Unterschlupf und einen Platz, wo das Kind in aller Ruhe zur Welt kommen konnte.

Das war die Situation, die ich vorfand. Kurz nach halb drei am Heiligabend war es da, unser Christkindl, ein etwas zarter Bub von nur fünfeinhalb Pfund, aber anscheinend völlig gesund und robust, wie sein lautes Schreien erkennen ließ.

Während ich auf die Nachgeburt wartete, fragte ich das junge Pärchen, ob es schon einen Namen ausgesucht habe. Ja, sie hätten sich das vorher reiflich überlegt, sie wollten den Kleinen nach seinem Großvater Leopold nennen. Erstens sei es in der Familie Tradition, dass der Erstgeborene den Namen des Vaters bekomme, und zweitens würde das den Senior vielleicht dazu bewegen, seinen Sohn doch noch als Hoferben einzusetzen.

»Ich kann also Leopold eintragen?«, vergewisserte ich mich.

»Nein, halt, Nanni. Wart noch ein bisserl damit«, meldete sich die Michaela. »Mir ist grad eine Idee gekommen. Weil das Kind genau am Christabend auf die Welt gekommen ist, meinst nicht, Poldi, dass wir Christian anhängen sollten? Damit würden wir gleichzeitig meine Mutter ehren, die Christiane heißt.«

»Nicht schlecht«, antwortete der Poldi. »Dann kann er später selbst entscheiden, wie er gerufen werden will.«

Nachdem also die Namensfrage geklärt und das kleine Büberl versorgt war, trug ich auf dem Zettel, den ich nach den Feiertagen auf dem Standesamt abgeben wollte, den Namen Leopold Christian ein. »Das ist ein schöner Name«, bestätigte ich den jungen Eltern während meiner vorgeschriebenen Wache.

In dieser Zeit reifte außerdem in mir ein Plan, an dem ich zunehmend Gefallen fand. Ich rief die Tante und fragte sie, ob sie von den eigenen Kindern vielleicht ein Steckkissen besitze.

»Du meinst für die Taufe? Freilich hab ich das noch. Ich hab's sogar schon hergerichtet und den Bezug frisch gewaschen und gebügelt. Wann, meinst denn, sollt die Taufe sein? Jetzt über die Weihnachtstage wird's wohl schlecht gehen.«

»Darüber hab ich mir, ehrlich gesagt, keine Gedanken gemacht. Mit der Taufe, mein ich, hat's auch noch Zeit. Wenn ihr mich fragt, würd ich damit so lang warten, bis die Michaela wieder auf den Beinen ist.«

Die beiden jungen Leute nickten zustimmend.

»Weshalb hast dann nach dem Steckkissen gefragt?«, hakte die Tante nach.

»Ich hab da so eine Idee. Ihr müsst mir nur das Kind für gut zwei Stunden ausleihen.«

Alle drei schauten mich wie personifizierte Fragezeichen an. »Versprechen kann ich nichts. Ich möcht nur einen Versuch wagen. Hernach erzähl ich euch dann alles.«

Als um achtzehn Uhr meine Wache zu Ende war, hätte ich eigentlich auf schnellstem Weg nach Hause zu meiner Familie eilen sollen. Denn ich war sicher, da gab es viele, die sehnsüchtig meine Rückkehr erwarteten, damit das Christkind endlich kommen konnte. Aber es drängte mich, vorher noch eine Mission zu erfüllen. Es war schließlich Heiligabend, das Fest der

Liebe und des Friedens, da wollte ich nicht nur friedlich im Kreise meiner Familie feiern, sondern zumindest versuchen, auch bei anderen ein bisschen Frieden zu stiften.

Den gut verpackten Säugling im Arm verabschiedete ich mich. Mein Weg führte mich ein paar Straßen weiter, dorthin wo das Schulhaus stand, in dem sich ebenfalls die Dienstwohnungen der Lehrer befanden. Ich ging zur Haustür auf der Rückseite und leuchtete mit meiner Taschenlampe die Klingelknöpfe an. Entschlossen läutete ich. Wenig später erstrahlte Licht im Treppenhaus, und ich hörte Schritte, die näher kamen. Die Lehrersfrau öffnete die Tür einen Spalt breit, und es schien mir, als zeichne sich bei meinem Anblick Enttäuschung auf ihrem Gesicht ab. »Mein Gott, Frau Feldmoser, was tun denn Sie um diese Zeit hier? Ich dacht, es wär vielleicht meine Tochter. Wir sind grad bei der Bescherung.«

»Na, dann passt es ja. Ich wollt Ihnen ein Christkindl bringen.«

Erst in diesem Augenblick gewahrte sie das Bündel in meinem Arm. »Ein Christkindl?«, fragte sie verunsichert. »Wieso grad zu uns?«

»Weil es Ihr Enkelkind ist, ein kleiner Bub, der Leopold Christian heißt.«

Täuschte ich mich oder wankte die Lehrersfrau tatsächlich bei dieser Eröffnung? Hoffentlich fällt sie mir nicht in Ohnmacht, dachte ich. Aber Michaelas Mutter fasste sich schnell wieder.

»Kommen Sie rein, Frau Feldmoser. Das Büberl will ich mir in der Stube anschauen, und mein Mann und die Kinder sollen es auch sehen.«

Der Herr Lehrer machte ein äußerst gestrenges Gesicht, als seine Frau ihm offenbarte, wen ich da im Arm trug. Doch unbeeindruckt davon nahm sie mir liebevoll das Kind ab und hielt es ihrem Mann entgegen. Der aber würdigte es keines Blickes. »Nein, diese Schande! Dass sie uns das auch noch antut«, waren seine ersten Worte.

Seine fünfzehn und sechzehn Jahre alten Töchter dagegen drängten sich um das Baby und riefen entzückt aus: »Oh, wie süß! Darf ich es mal nehmen? Jetzt sind wir die Tanten von dem kleinen Leopold.«

Diese Äußerung erhitzte das Gemüt des Schulmeisters noch mehr: »Ein schönes Vorbild gibt die große Schwester ab. Wir brauchen uns nicht zu wundern, wenn die beiden anderen ihrem Beispiel folgen. Jetzt hat sie endgültig verspielt. Sie braucht mir nicht mehr unter die Augen zu treten.«

»Aber Papa«, umschmeichelten ihn die Mädchen von beiden Seiten, während sich die frischgebackene Großmutter verstohlen die Tränen aus den Augen wischte, »sei doch nicht so hart zur Michaela. Was kann sie denn dafür, dass sie den Poldi liebt?«

»Wie steh ich denn jetzt da? Vorm ganzen Dorf bin ich blamiert. Ein Lehrerhaus soll doch Vorbild sein.«

»Das können Sie jetzt erst recht demonstrieren. Zeigen Sie, dass Sie die Größe haben, Ihrer Tochter zu verzeihen«, wagte ich an seine Menschlichkeit zu appellieren. »Ach, was ! Was heißt hier verzeihen? Sie hat doch nichts Böses getan. Dass sie den nach Ihrer Meinung falschen Mann liebt, kann doch nicht unrecht sein. Im Unrecht sind eher die beiden Dickschädel von Vätern, die ihren Kindern die Heirat verbieten. Wenn schon der gütige Gott diese Liebe mit einem so süßen Kerlchen gesegnet hat und noch dazu am Heiligen Abend, dann hat er sich bestimmt etwas dabei gedacht.«

Während meiner langen Rede beobachtete ich, wie das Gesicht des strengen Lehrers zu zucken begann und er sich schließlich zu einem milden Lächeln durchrang. »Sie predigen wie ein Pfarrer, da muss man ja schwach werden. Also her mit dem Buben.«

Zärtlich nahm er sein schlummerndes Enkelkind aus den Armen seiner Frau entgegen. Als ihn alle Augenpaare gespannt ansahen, lächelte er unbeholfen: »Dass ich das noch erleben darf, nach drei Mädeln einen Buben im Arm zu halten!«

Nun war das Eis gebrochen, wie wir alle vier mit Erleichterung empfanden. Dennoch wagte niemand zu sprechen, bis der Vater schließlich schmunzelnd in die Stille hinein sagte: »Das Schlimmste daran ist, dass ich mit meinen fünfundvierzig Jahren bereits Großvater bin.«

Nach diesen Worten fiel ihm die noch jüngere Großmutter um den Hals, sodass der Enkel fast erdrückt wurde. Und die kindlichen Tanten ihrerseits schlangen ihre Arme um das Elternpaar. Es war eine so rührende Szene, die sich zur Stunde der Bescherung im Lehrerhaus abspielte, dass ich mir heimlich ein paar Tränen abwischte.

Wenig später musste ich die Idylle jedoch unterbrechen.

»Ich will noch woandershin, Sie wissen vielleicht, was ich meine«, erklärte ich dem Ehepaar, nahm das Kind und verabschiedete mich, nicht ohne Michaelas Adresse zu hinterlassen.

Nun hatte ich einen Weg von etwa dreißig Minuten vor mir, der mich bergauf durch leichten Pulverschnee führte, denn passend zu Weihnachten hatte es angefangen zu schneien.

Auf dem Breitnerhof war es der Bauer selbst, der mir die Haustür öffnete. Auch ihm stand bei meinem Anblick die Enttäuschung ins Gesicht geschrieben. Er fasste sich jedoch schnell und fragte verwundert: »Ja, Nanni, was bringst uns denn da?«

»Das ist der Leopold, dein erster Enkel.«

»Ja, was? Lass schauen!« Ich drückte das Steckkissen ein wenig auseinander, damit er das Gesichtchen besser sehen konnte. »Ein bisserl klein ist er«, meinte er lapidar.

»Der wächst schon noch«, versicherte ich ihm. »Er ist ja erst vier Stunden alt und zudem um zwei Wochen zu früh gekommen.«

»Um zwei Wochen? Um ein paar Jahre, mein ich. Aber egal, der Poldi – so ein Lausbub, uns einfach vor vollendete Tatsachen zu stellen!« Mit einem Mal wurde der Mader Leopold sehr lebhaft. »Hat er es doch geschafft, mich herumzukriegen! Oma!«, schrie er lautstark durchs Haus.

»Nach wem schreist denn du? Bist jetzt ganz narrisch geworden?«, ließ sich eine Stimme aus der Stube vernehmen. Schon erschien eine gesetzte Frau von Anfang vierzig in der Tür. »Hast etwa vergessen, dass die Oma letztes Jahr gestorben ist?«

»Nach der schrei ich doch nicht. Nach dir schrei ich. Die Oma bist jetzt du.«

Während er sprach, drängte er sie in die Stube zurück und gab mir ein Zeichen, ihnen zu folgen. Als die Bäuerin endlich das Kind erblickte und die Worte ihres Mannes begriff, fasste sie Halt suchend nach einem Stuhl und ließ sich darauf niederfallen. »Jesus, Maria und Josef«, war das Einzige, was sie hervorbringen konnte. Die anderen Familienmitglieder aber, die gerade um den festlich gedeckten Tisch beim Weihnachtsmahl saßen, sprangen auf und umringten mich und das Baby.

»Ist das etwa das Kind vom Poldi?«, fragte mit spitzer Stimme eine ältliche, hagere Person, vermutlich des Bauern Schwester Wally. Persönlich war sie mir noch nie begegnet, da sie sehr zurückgezogen lebte, aber ich hatte schon öfters über sie erzählen gehört.

»Ja, das ist mein Enkelkind Leopold«, verkündete der Bauer stolz. »Ein Teufelskerl ist er schon, der Poldi! Was er macht, das hat Hand und Fuß!« Über seinen gelungenen Witz musste er selbst am meisten lachen.

»Damit willst doch nicht etwa andeuten, dass du ihm verzeihst?«, keifte die Wally.

»Was heißt hier verzeihen? Er hat schließlich nichts verbrochen«, antwortete der Leopold.

»Zuerst hast aber ganz anders geredet«, mischte sich seine Ehefrau nun ein, bei der während des Disputs zwischen ihrem Mann und seiner Schwester die Lebensgeister wieder zurückgekehrt waren. »Aus dem Haus getrieben hast ihn.«

»Ach was, das ist vergessen und vorbei. Der Poldi ist unser Bub und bleibt unser Bub und jetzt grad, wo er's schon zu einem Stammhalter gebracht hat.«

»Darf er das Lehrerstöchterl etwa doch heiraten?«, giftete die hagere Schwester.